HISTORIA

Vikingos. Entre la historia y la leyenda
de Jason R. Forbus

Director editorial: Jason R. Forbus
Traducción: Simone Corvatta
Proyecto gráfico y maquetación: Sara Calmosi

Publicado por Ventus Press,
marca del grupo editorial Ali Ribelli Edizioni Srls, Gaeta 2024©
Ensayos – Historia
www.aliribelli.com – redazione@aliribelli.com

Jason R. Forbus

VIKINGOS

Entre la historia y la leyenda

VENTUS

Nota del editor

El interés cada vez mayor por los vikingos, alimentado por la *pop culture* norteamericana, ha favorecido la difusión de modas que van de los aspectos más estéticos como por ejemplo el peinado, los tatuajes y objetos variados, hasta llegar a la forma misma de considerar la existencia y la espiritualidad.

Este texto se propone ofrecer una panorámica sobre la historia, la sociedad y sobre la religión de los vikingos, tratando curiosidades y extravagancias, desmontando falsos mitos y presentando las principales innovaciones tecnológicas de este pueblo.

La brevedad de los capítulos y la simplicidad del lenguaje convierten el libro en una guía al mundo nórdico muy fácil, documentada y fundamentada por numerosos estudios científicos anotados en la bibliografía, y que el autor ha utilizado para la realización de este ensayo.

Índice

Cronología de la Era Vikinga — 9

¿Quién eran los vikingos? — 13

Normandos en Gaeta y en alta Tierra de Trabajo — 19

Lobos de tierra — 38

Guerra por mar y por tierra — 39

¡Vikingos!, pero con clase — 43

¿Quién es el cornudo? — 45

¿Papa Noel o Papa Odín? — 47

Cuando los vikingos conquistaron Roma (o casi) — 49

Hongos inflamables — 51

En la mesa con los vikingos — 53

Último viaje — 55

Los esclavistas del norte — 57

Orgullo y hachadas   *60*

Las vikingas   *63*

Mi gran boda vikinga   *68*

Esquiar, ¡Qué deporte tan divino!   *73*

Estados Unidos vikingos   *75*

La importancia de ser rubio   *79*

Un nombre para mil tribus   *81*

Cristianos con beneficios   *83*

El neopaganismo: los vikingos New Age   *87*

Cronología de la Era Vikinga

787. La primera incursión vikinga
Es la primera incursión vikinga de que tenemos documentación histórica: los saqueadores noruegos desembarcan en la isla de Portland, en la comarca inglesa de Dorset. Allí, tras ser confundidos por mercantes, saquean la aldea.

793. Principio de la Era Vikinga
Saqueo del monasterio de Lindisfarne, isla mareal a lo largo de la costa oriental de Inglaterra. En esta fecha se considera el comienzo de la Era Vikinga.

794. Saqueo de Iona
Los vikingos saquean la isla de Iona. Desde aquí empiezan las incursiones vikingas en Escocia.

825. Descubrimiento de Islandia
Un vikingo de las Islas Feroe, Naddod, descubre Islandia. Luego (874 d.C.), los vikingos derrotados por Harald Cabellera Hermosa, se refugiarán allí y la colonizarán.

862. Comienzo de la dinastía de Rúrik
Rúrik, señor vikingo de la guerra, somete la población de Nóvgorod, y empieza así su dinastía. Sus descendientes fundarán la Rus de Kiev, con capital Kiev.

872. Unificación de Noruega

Tras conquistar algunos reinos menores a lo largo de la península escandinava, Harald Cabellera Hermosa logra una grande victoria sobre el Rey de Suecia. Erik Anundsson, y consigue unificar Noruega.

911. Fundación del Ducado de Normandía

El rey de Francia Carlos III estipula un acuerdo con el señor de la guerra Rollón el Caminante, otorgándole el control sobre la actual región de Normandía. A cambio, Rollón acepta de proteger la región de otros vikingos y finalmente de convertirse al cristianismo, jurando fidelidad a Carlos III. Estos vikingos convertidos originarán el pueblo normando.

961. Escritura del Sonatorrek

El poeta islandés Egil Skallagrímsson compone el poema Sonatorrek (Pérdida de Dos Hijos), para conmemorar la muerte de sus hijos y de sus padres, y para expresar su deseo de venganza.

982. Colonización de Groenlandia

Después de su exilio de Islandia, Erik el Rojo se refugia en Groenlandia acompañado por su familia extensa y por sus esclavos, empezando así su colonización. La leyenda cuenta que Erik dio el nombre a la isla Grœnland (tierra verde) para atraer a posibles colonizadores.

1016. Canuto el Grande asciende al trono de Inglaterra

Después de unos años de luchas, los vikingos asedian a la ciudad de Londres, obligando a Eduardo a firmar la rendición y a abdicar a favor de Knútr inn ríki (Canuto el Grande). Knútr reinará diecinueve años, asegurando estabilidad y prosperidad a la nación.

1030. Batalla de Stiklestad y difusión del cristianismo

El rey cristiano Olaf II Haraldsson, luego conocido como San Olaf, intenta conquistar Noruega pero es derrotado. Su popularidad, la propaganda de la Iglesia y el aura de leyenda sobre su muerte contribuyen a la difusión del cristianismo en Noruega. Es con Olaf II que se empieza a hablar de noruegos y ya no de vikingos.

1066. Con la batalla de Stamford Bridge termina – por convención – la Era Vikinga.
El rey noruego Harald III invade Inglaterra, pero el rey Inglés Harold Godwinson le derrota en la sangrienta batalla de Stamford Bridge, encontrando además la muerte. En esta fecha los historiadores marcan el final de la Era Vikinga. La victoria de los sajones dura muy poco: en el mismo año, precisamente el 14 de octubre, rey Haroldo II de Inglaterra pierde la vida en la batalla de Hastings, donde los normandos guiados por Guillermo conquistan Inglaterra.

1171. Toma de Dublín
Enrico II, con el apoyo de Papa Adrián IV, invade Irlanda con una poderosa flota consiguiendo conquistar Waterford y Dublín y recibiendo además los honores de los nobles irlandeses. La Era Vikinga en Irlanda termina.

1240. La Horda Mongola saquea Kiev
Bajo el mando del caudillo Batú Kan, la Horda Mongola arrasa la ciudad de Kiev – Sigue la capitulación de la Dinastía Rúrik.

1263. Fin de la Era Vikinga en Escocia
Rey Haakon IV de Noruega guía un ejército para vengarse de los ataques de Alejandro III, rey de los escoceses. Su flota es destruida casi completamente por una tormenta, y los supervivientes son aniquilados por las fuerzas escocesas.

¿Quién eran los vikingos?

Nomen Omen. Según la etimología de la palabra en nórdico antiguo *vīkingr* – que los lingüistas suponen que proceda de *vīk* 'ensenada' o 'fiordo' y del sufijo – *ingr*, que indica pertenencia – los vikingos serían 'aquellos que proceden de los fiordos', y de hecho es exactamente a partir de estas ensenadas impresionantes que fundaron las bases de su fortuna.

Vista de un fiordo

Otra hipótesis bastante acreditada propone que la palabra 'vikingos' proceda del antiguo inglés *wicing* (pirata). El motivo porque esta segunda hipótesis cuente con el apoyo de muchos estudiosos es fácil de explicar.

Antes más que hoy, la península escandinava no era muy buena para la agricultura durante buena parte del año a causa de razones climáticas. La vida de los antiguos nórdicos era dura y despiadada: casi completamente excluidos por las rutas comerciales, trabajaban duro en los meses de verano para recoger lo que era necesario a la supervivencia en los largo y fríos inviernos.

Juntos con otros elementos, el clima y la natura de un lugar son suficientes para plasmar la sociedad, la cultura, los mitos y las leyendas de un pueblo. Por eso la mitología nórdica nos ofrece una imagen de un mundo permanentemente en vilo entre las fuerzas del orden y aquellas del caos: una cabaña rodeada por lobos hambrientos que sobrevive gracias a las pruebas de extraordinaria valentía y determinación de su pueblo.

Fueron justo estas características, alrededor de 790, que animaron a los antiguos nórdicos a querer más para sí mismos y dirigir la atención hacia el tormentoso mar del norte. Así que, de repente, de asediados se convirtieron en asediantes, es decir, en los mismos lobos hambrientos contra quien habían luchado durante siglos.

Más que expansión vikinga, habría que hablar de explosión: empezaba una época de formidable y feroces correrías contra las poblaciones de las islas británicas, celtas y sajonas, luego contra europeos y árabes.

La más famosa incursión entre las primeras de que tenemos referencia histórica, es sin duda aquella llevada a cabo contra el monasterio de Lindisfarne el 8 de junio de 793.

El evento fue registrado por Alcuino de York, teólogo e intelectual en la corte de Carlo Magno en Aquisgrán: «Los paganos derramaron la sangre de santos alrededor del altar, pisoteando sus cuerpos en el templo de Dios como si fuera estiércol en la carretera»[1]

---

[1] Lo cierto es que tampoco los cristianos fueron muy amables con los paganos. Particularmente Carlo Magno que fue el promotor de una campaña de evangelización forzada de las poblaciones germánicas sumisas, llegando a masacrar indiscriminadamente a mujeres, viejos y niños donde lo considerase necesario. Tristemente famoso es el episodio del "Masacre de Verden", en octubre de 782, cuando Carlo Magno ordenó la ejecución de 4.500 sajones que fueron decapitados a lo largo de las orillas del río Aller, en la localidad de Verden.

Ruinas del monasterio de Lindisfarne

Tanto fue el shock para la masacre que los monjes supervivientes abandonaron Lindisfarne, causando su irremediable declino como punto neurálgico de la religión católica en Inglaterra del norte.

A que se debe esta improvisa expansión es un asunto al día de hoy aún debatido por los estudiosos. Se supone que el crecimiento de la población, juntos a un período de caristia, obligaron a los vikingos a emprender la vía del mar. Otras causas serían relacionadas con la debilitación del imperio de Carlo Magno y a la destrucción de la flota frisia[2] por parte de los francos, que permitió a los vikingos ocupar el vacío que se creó en el ámbito del comercio marítimo en Europa del norte. La hipótesis más acreditada entre los estudiosos es tan simple como lógica: cuando los primeros corsarios vikingos volvieron a su patria cargados de oro y

---

[2] Antigua población germánica que en el siglo I poblaba la costa del Mar del norte, en los actuales Países Bajos y Alemania.

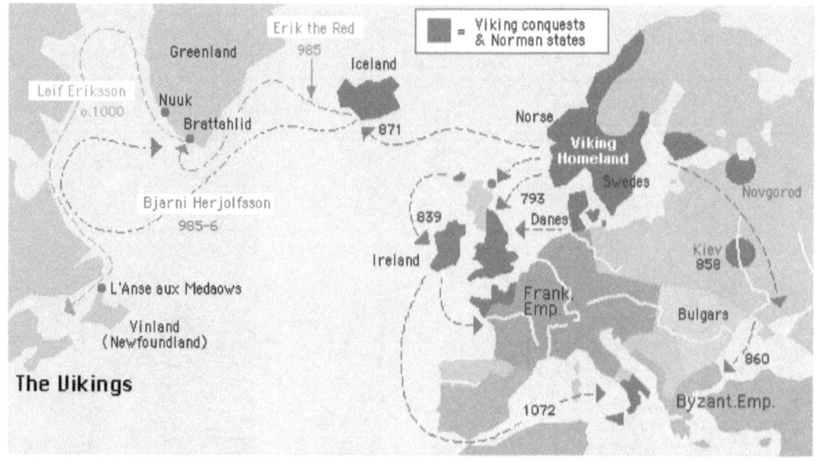

de esclavos, contaron lo fácil que fue el saqueo, otros vikingos entonces competieron para sumarse a nuevas incursiones.

Claramente la tecnología desempeñó un papel clave en la expansión vikinga.

La conformación geográfica de Escandinavia, así caracterizada por cordilleras, forestas densas y muchos cursos de agua dulce, sin olvidar las ensenadas naturales a lo largo de la costa, favoreció el desarrollo y el comercio trámite barcos.

Los vikingos eran verdaderos expertos en la creación de barcos perfectamente adaptados para navegar en los ríos (karve), mares (los 'largos barcos') y océanos (knarr). Rápidos, resistentes y fáciles para ser maniobrados, estos barcos permitían alcanzar rápidamente el lugar para saquear, ofreciendo poco tiempo a las potenciales víctimas para buscar amparo, y dejar el lugar con la misma velocidad antes de cualquier represalia organizada. En el siglo XIII, esta estrategia del "rompe y agarra" se utilizaría por la caballería mongola en la creación de su inmenso imperio.

La Era vikinga comienza convencionalmente con el ataque al monasterio de Lindisfarne en 793 y termina en 1066, el mismo año que la conquista de Inglaterra por parte de Guillermo el Conquistador.

Guillermo (c. 1028 – 9 de septiembre de 1087) era un normando: vikingo de origen, pero nativo de la región de Francia septentrional hoy conocida como Normandía – de hecho, patria de los normandos, los "hombres del norte". Fue el resultado del encuentro con los francos y los galos-romanos, los normandos eran considerados vikingos *afrancesados*: en parte habían asumido la cultura de los pueblos sumisos y sobre todo su religión, convirtiéndose al cristianismo.

A lo largo de unos decenios, precisamente gracias a esta asimilación, los vikingos desaparecieron mezclándose a las mismas poblaciones que antes ellos habían sumiso. Pero, lejos de salir de la escena de forma discreta, su conversión al cristianismo coincidió con una nueva época de conquistas: aquella normanda.

La llegada de los normandos en Italia del sur ya se registra en el año 1000, cuando unos aventureros empezaron a ofrecer sus servicios como hombres de armas para las tareas más variadas, como la protección de ciudades costeras de ataques de piratas sarracinos (ja, ¡ironía de la historia!) pero, sobre todo, en soporte de las rebeliones contra los bizantinos.

A partir de aquí, mediante hazañas en las batallas y astutos juegos diplomáticos, los normandos empezaron a expandir su área de influencia hasta llegar a la conquista efectiva, en 1077 de Apulia, Calabria y Sicilia con Roberto Guiscardo (del francés *vissart*, zorro).

Papa Nicolás II, durante el primer Concilio de Melfi, nombra
a Roberto Guiscardo Duque de Apulia y Calabria

En fin, los pequeños vikingos se convirtieron en grandes normandos, originando muchas dinastías, tanto en Inglaterra como en Italia. Y pensar que todo había empezado mirando al mar, ese mismo elemento que los había llevado a navegar a lo largo y a lo ancho, llegando a colonizar Islandia y tocar, primeros entre todos los europeos, las costas de Canadá.

Normandos en Gaeta y en alta Tierra de Trabajo

¡Qué impetuoso río de historia ha corrido por las calles y callejones de Gaeta! Cuántas civilizaciones, a lo largo de los siglos, han rozado sus orillas pasándose corona y cetro, pero no antes de haber dejado una huella: cultural, lingüística, genética e histórica, en una estratificación que continúa y continuará mucho tiempo después de nosotros, que en esta tierra estamos de paso.

Entre los pueblos que han dominado el territorio, un capítulo muy breve pero fascinante lo han escrito los normandos, los "hombres del norte" con el característico casco puntiagudo. Sus antepasados fueron vikingos, siguieron a Hrólfr (Rollo o Rollone)[1], un jefe militar que dirigió incursiones en las Islas Británicas y a lo largo de la costa norte de Francia, saqueando París, donde causó gran devastación. En el intento de contener las continuas incursiones vikingas y al mismo tiempo transformar a Rollo y sus hombres en aliados, en el 911 d.C. el rey de Francia Carlos el Simple firma el histórico tratado de Saint-Clair-sur-Epte con el que Rollo jura fidelidad a la corona. En términos prácticos, el vikingo se casa con Gisèle (una hija legítima del rey Carlos) y obtiene el título de conde de Rouen, convirtiéndose así en legítimo señor de la tierra entre el río Epte y el mar «en plena propiedad y buena moneda». Al año siguiente se bautiza, un acto político más que de fe que sirve de precursor a la conversión de otros jarl (jefe) facilitando de alguna manera el aparato jurídico y administrativo que subyace a los

---

[1] Se ha querido, siempre que ha sido posible, utilizar los nombres originales en nórdico, lengua de oíl y germánica.

primeros reinos unitarios en Escandinavia. En el arco de una generación el dominio normando se extiende hacia el oeste y la conquista continúa hasta la instauración de una hegemonía política (mediados del siglo XI) sobre la región que hoy conocemos como Normandía.

El arzobispo de Rouen, Gui, trata con Rollo. Miniatura del siglo XIV, Biblioteca Municipal de Toulouse, ms. 512.

Los normandos asimilan en poco tiempo los usos y costumbres de los francos, adoptan la lengua de oíl y la religión cristiana pero sin perder el espíritu combativo y oportunista de los orígenes. Lejos de aplacar su impulso expansionista, su entrada entre los señores feudales de Francia anima a muchos de los soldados, que habían quedado con las manos vacías, a seguir el ejemplo de sus antepasados y a navegar hacia nuevas tierras. Entre las metas posibles, el sur de Italia representa un destino ideal:

fragmentado políticamente en esferas de influencia disputadas entre la iglesia, los lombardos, los árabes y los bizantinos, la región brinda amplias oportunidades de empleo como mercenarios a sueldo del mejor postor.

La llegada de los normandos al sur de Italia se remonta a principios del siglo XI y tiene su origen en un hecho de sangre: Osmond[2] Drengot, perteneciente a la pequeña aristocracia, mata a Guillaume Repostel, pariente del duque Ricardo II de Normandía, y por lo tanto es desterrado. La decisión sirve de excusa a Osmond para embarcarse en una gran aventura: convoca a sus hermanos Gilbert, Asclettin, Ralph y Ranulf (apuntaos este último nombre) y reúne un pequeño pero aguerrido contingente compuesto por doscientos cincuenta soldados con los que se dirige al santuario de San Miguel Arcángel en el Gargano (el santo guerrero, querido desde siempre por los católicos de origen germánico). Aquí los normandos comienzan a ofrecer protección – a cambio de compensación, por supuesto – a los peregrinos, ganando rápidamente fama de hábiles combatientes. Al poco tiempo, son llamados a defender las ciudades costeras de las incursiones de los piratas sarracenos, y pronto se lanzan a la lucha política participando activamente en las rebeliones antibizantinas promovidas por la aristocracia lombarda. En un contexto donde las alianzas cambian de la noche a la mañana, en una sucesión de giros y vueltas, los normandos sobresalen por astucia y habilidad, demostrando que una minoría guerrera es capaz de prevalecer sobre poderes divididos por disputas internas.

En 1025, el dominio bizantino en Italia sufre un grave golpe con la muerte del emperador Basilio II, la amarga culminación de cincuenta años de una autoridad imperial que es incapaz de seguir el ritmo a un mundo en rápida evolución. Los lombardos ven venir los combates y reclutan a los normandos como mercenarios para penetrar las posesiones bizantinas. En particular, el Príncipe de Capua Pandolfo IV ataca las vecinas Nápoles y Gaeta y, al notar poca resistencia, decide seguir, confiando en los normandos para obligar a los vecinos a la sumisión completa. La figura destacada entre los mercenarios al servicio de Pandolfo es sin duda Rainulf Drengot, hermano del ya citado Osmond. En 1029, Rainulf cambia de alianza en favor del duque de Nápoles Sergio IV, que en reconocimiento le cede el territorio de Aversa y le ofrece en matrimonio a su hermana Sichelgaita,

---

[2] Según otras fuentes habría sido el hermano Gilbert.

viuda de León I Docibile, duque de Fondi y del duque de Gaeta Giovanni IV (sic!): sin duda una etapa de mucha suerte para el líder normando, superando a Pandolfo logra el control sobre Aversa y Gaeta, importantes lazos familiares y un lugar muy bien considerado entre la aristocracia de la época. Es cerca de la iglesia votiva de *Sancte Paulum at Averze* donde los normandos establecen un primer bastión.[3]   Allí, Rainulf construye un palacio fortificado, agrupando los caseríos del territorio en la ciudad de Aversa, a la que dota de fosos y fortificaciones, organizando de manera sabia la multifacética estructura social y económica de su dominio a través de un derecho[4]   .

Busto atribuido a Rainulf Drengot.

[3] Algunos años antes, concretamente en 1022, Gilbert Drengot, hermano de Rainulf, ya había obtenido el reconocimiento del condado de Ariano (actualmente Ariano Irpino, AV) por Heinrich II de Franconia, Rey de Italia y emperador del Sacro Imperio Romano Germánico, pero es en Aversa donde crece la semilla que conducirá a los normandos. a la conquista del sur de Italia. En Ariano Irpino se conserva el castillo que los normandos edificaron sobre anterior fortificación lombarda, gravemente dañado por una serie de terremotos entre 1688 y 1732.

[4] Definido por los documentos como *mos francorum*.

En pocos años y por invitación del conde Rainulf, a Aversa acudieron numerosos soldados normandos, entre ellos uno de los doce hijos de Tancrède de Hauteville[5], Guillaume *Bras-de-fer* (Guillermo Brazo de Hierro) Un nombre que según la tradición se ganará matando en duelo al emir de Siracusa. Con su hermano menor Drogo, Guillaume comienza la conquista de Calabria, pero es su hermano Roberto el Guiscardo (del antiguo francés *guischart*, "astuto"), también llamado *Terror Mundi* quien completa la obra estableciendo el dominio normando sobre el sur de la Italia peninsular.

El 1059 es un año clave para Roberto: quien firma los Acuerdos de Melfi en los que el papa Nicolás II lo proclama «duque de Apulia y Calabria y [...] futuro Señor de Sicilia» a pesar de que hay árabes y bizantinos que controlan todavía una parte, si no la totalidad, de esos territorios. También en 1059, después de haber repudiado a su primera esposa Aberarda, Roberto se casa con Sichelgaita, hermana de Gisulfo II, príncipe lombardo de Salerno. Es el principio de grandes cambios: en 1076, tras las nuevas circunstancias políticas, Roberto derroca a Gisulfo y toma el control de Salerno que elige como capital de su dominio. A pesar de las bulas papales y los juegos de la corte, Roberto no pierde de vista lo importante, "el zorro" sabe bien que sus conquistas se basan en la fuerza de las armas y por este motivo asegura generosas donaciones a sus mejores guerreros, asignándole feudos y apoyo en la construcción de fortalezas, consolidando así su poder. En 1061, Roberto inicia la campaña de Sicilia con su hermano Ruggero I, que finaliza con la conquista de Palermo en 1072, poniendo fin de hecho al dominio árabe en la isla. Las conquistas se sellaron con el Tratado de Ceprano en 1080, con el que el papa Gregorio VII confirmó a Roberto casi todas sus conquistas[6], creyendo así que se había ganado un aliado válido contra el emperador

---

[5] Hauteville-la-Guichard, pequeño centro de Normandía fundado por el vikingo noruego Hialtt (Hiattvilla), fundador de los "Altavilla".

[6] «Yo, Gregorio, te investiré a ti, Roberto, duque de aquella tierra, que te concedieron mis predecesores Nicolás II, Alejandro II de buena memoria; de la otra tierra, que tú sostienes injustamente, como es Salerno, Amalfi y una parte de la Marca Fermana, sufro tus conquistas, confiando en Dios todopoderoso, y en tu rectitud, que dentro de poco te regularás de aquel modo por honor de Dios y de San Pedro, que a ti y a mí parecerá convenir, sin peligro de tu alma, y la mía.»

germánico Heinrich IV.

En Montecassino es abad en aquellos años el filonormando Desiderio, futuro papa Vittore III. Es en el cauce de una iglesia cada vez más dependiente del poder normando que el cronista Amato de Montecassino redacta su *Historia Normannorum* (c. 1080), en la que remarca «la justa voluntad de Dios» de confiar «la tierra de Italia a los normandos a causa de la perversidad de los que la gobernaban». Aparte de la voluntad divina, la historia de la conquista normanda del sur de Italia se debe realmente a la épica de los hermanos Drengot y de Hauteville que desde su nacimiento no particularmente ilustre[7] logran, en el arco de apenas una generación, conquistar territorios ricos y disputados.

Años después de la muerte de Roberto en 1085, la princesa bizantina Anna Comnena – recordando quién es, cómo, cuándo y por qué escribe – pinta un retrato particularmente sugestivo de Guiscardo, aplicable en gran medida a muchos de los jefes político-militares que lo precedieron y los que lo sucederían con posterioridad: «Este Roberto era de linaje normando, de orígenes humildes, codicioso de poder, de ingenio muy astuto y valiente en la acción: aspiraba sobre todo a la riqueza y a la autoridad de los grandes, y mostraba una inquebrantable firmeza al no abandonar nunca sus proyectos, insistiendo siempre en llevarlos a buen puerto. Su estatura era notable, tanto que superaba incluso a los más altos; tenía una tez encendida, de tono rojizo, el pelo de un rubio claro, los hombros anchos, los ojos claros pero emanando fuego, llameantes. La estructura de su cuerpo era elegantemente proporcionada. [...] En lo que se refiere a la voz, se cuenta que el grito de este hombre había hecho huir a multitudes enteras. Tan dotado por la suerte, por el físico y por el carácter, se oponía absolutamente a someterse a cualquiera, o a rendir servil homenaje». Y es en la gran estela de Roberto y la dinastía de Hauteville donde se sitúan los acontecimientos de la familia de Blosseville y, en particular, de Guillaume, duque de Gaeta por un breve lapso de tiempo durante el cual dejó testimonios tangibles en el territorio. La historia del duque Guillaume comienza con la conquista normanda de Inglaterra en 1066, en la que participa como caballero su

---

[7] Se dice que el padre adquirió cierta notoriedad matando a un jabalí de una ferocidad inaudita.

padre, Gilbert de Blosseville. A cambio de sus servicios, Gilbert consigue la mansión de Harrold, donde nació Guillaume en 1080. Como buen normando, siendo todavía joven, no se queda en Inglaterra para aprovechar las riquezas paternas y decide embarcar hacia el sur de Italia como mercenario. Mientras tanto, Gaeta está atravesando un período bastante turbulento... Para entenderlo, tenemos que remontarnos medio siglo atrás, al dominio de la familia Drengot.

Escena 55 y 56 del tapiz de Bayeux (finales del siglo XI) que representa el ataque de caballeros normandos durante la batalla de Hastings (1066 d.C.) que marca el final del dominio sajón en la isla. Probablemente, los normandos que tomaron Messina cinco años antes estarían equipados de la misma manera.

Anno Domini 1035. Gracias a su cercanía a Capua y a Nápoles, el condado de Aversa actúa de la forma que prefiere entre estos dos centros de poder, asegurándose que ninguno de los dos prevalezca sobre el otro. ¿Recuerdan el matrimonio de Rainulf con la hija de Sergio IV? A la muerte de ésta, Rainulf se casa con una sobrina de Pandolfo (1035), restableciendo la antigua alianza con Capua que así consigue una posición de absoluta relevancia. Las disputas entre Capua y Montecassino inducen a Rainulf a apoyar a Guaimar V, príncipe de Salerno, con quien se une a Heinrich II, emperador del Sacro Imperio Romano Germánico en su campaña contra Pandolfo, que es derrotado y obligado al exilio. A cambio de su fidelidad, durante su estancia en Capua, Henry II honra a Rainulfo con la lanza y el estandarte, confirmando la legitimidad de los Drengot al gobierno del Condado de Aversa. Aún no satisfecha con los resultados obtenidos, la caballería normanda apoya a Guaimar V en tres expediciones sucesivas que llevan a la conquista de los ducados de Amalfi, Sorrento y Gaeta (junio 1040) por la probable intercesión de Guaimar, que en este período oficia de rector del Emperador del Sacro Imperio Romano Germánico para el sur de Italia. Rainulf es elegido Duque de Gaeta en diciembre de 1041. Rainulf muere en junio de 1045, en el momento de mayor gloria del condado que él mismo había fundado con el apoyo de sus hermanos. No teniendo herederos directos, le sucede Asclettin II, hijo de su hermano Asclettin "el Joven", que muere pocos meses después. Gracias al vacío de poder, Guaimar de Salerno aprovecha la ocasión para nombrar a Rudolph Cappellus[8], quien será derrocado en 1048 por los caballeros normandos fieles a la familia Drengot. Sube entonces al trono de Aversa Rainulf II "Trincanotte" (hijo de Ralph, sobrino de Rainulf I) quien reina hasta 1050, le sigue su hijo Herman que gobierna solo un año para llegar finalmente a Richard I[9], hijo de Asclettin (hermano de Rainulf I).

Richard I nació y creció en Normandía. Al enterarse de los problemas que habían surgido en el condado tras la muerte de su tío, parte hacia el sur de Italia acompañado por cuarenta caballeros. Derroca al primo Herman y bajo su poder todo cambia. Aversa reanuda su política expansionista y no tarda en enfrentarse con los vecinos lombardos, entre ellos Pandolfo VI de Capua, Atenolfo I de Gaeta y Gisulfo II de Salerno. Como sucedió con otros grandes dominios, también el longevo dominio lombardo en Italia está ya en decadencia: los normandos ganan en Salerno, reduciendo los confines del antiguo principado casi únicamente al territorio de la ciudad. Más tarde, Richard también intenta el noviazgo entre su hija y el primogénito del duque de Gaeta; cuando el joven muere antes de la boda, junto con el pésame, Richard solicita el legado que le correspondía a su hija. Como era de esperar, Atenolfo I

---

[8] Perteneciente a la familia noble de los señores de Quarel, que estudian en el actual centro de Les Carreaux en el departamento de Seine-Maritime.

[9] «Hermoso de formas y estatura señorial, joven, de cara clara y resplandeciente de belleza; era amado por todos los que lo veían». Cf. Amado de Montecassino.

se negará desencadenando la reacción probablemente planificada del conde normando, que ataca Aquino (un feudo sostenido por Gaeta), conquistándola en 1058. Atenolfo I se ve obligado a pagar la suma de 4.000 monedas de oro y cuando muere cuatro años después, Richard y su hijo Jordán toman el control del ducado, permitiendo a Atenolfo II gobernar como su vasallo hasta 1064, cuando Gaeta se convierte en ciudad vasalla y luego tributaria de los dominios Drengot (Principado de Capua y Condado de Aversa). Durante este período en Gaeta se eligen duques de varias familias locales prominentes, principalmente de ascendencia normanda. Entre ellos, el primero es Guillaume de Montreuil, perteneciente a los Giroie, una familia franco-normanda de linaje medio. Atraído a Italia por la posibilidad de enriquecerse, pronto demuestra sus habilidades guerreras ganándose cierta fama al servicio de papa Alejandro II, erradicando un grupo de cismáticos en Campania y participando en la cruzada de Barbastro[10]. El conde Richard de Aversa aprecia tal iniciativa, considera la situación y concluye que tener a un guerrero valiente como Guillaume como amigo sería de gran valor, e incluso mejor aún como pariente. Le ofrece en matrimonio a su hija, que lleva los condados de los Marsi y de Aquino (territorios que aún estaban por conquistar según su palabra), además del ducado de Gaeta, este último sí, bajo control normando. Guillaume, quizás persuadido por la política de la ciudad a buscar una mayor autonomía, intenta repudiarla en favor de la duquesa María, viuda del duque Atenolfo I que había muerto dos años antes (1062). Pero esta vez el Papa no lo permite[11]. Guillaume no se preocupa, se asocia con María y arma una

---

[10] Para el papa Alejandro II desempeñó el papel de gonfaloniere y en 1063 comanda la caballería papal en la conquista de la ciudad musulmana de Barbastro, hoy España. Una vez dentro de la ciudad los cruzados, incluidos los hombres que acompañan a Guillaume, se dejan llevar por toda clase de crueldad y libertinaje, masacrando a más de 50.000 personas (una estimación probablemente exagerada pero que ofrece la medida de la larga y tumultuosa Reconquista). En esta ocasión, Guillaume habría acumulado un gran botín de guerra robando a cientos de mujeres sus joyas, que distribuye entre sus familiares en Normandía y la iglesia.

[11] «Hemos oído a través del testimonio de muchos que deseáis libraros de vuestra esposa, usando como pretexto una supuesta consanguinidad, y uniros a otra. Lo prohibimos por autoridad apostólica y os ordenamos no repudiar de ninguna manera a la esposa que tenéis o casaros con otra, hasta que el caso haya sido examinado por un consejo de

serie de alianzas: el conde Atenolfo II de Aquino y Lando[12] conde de Traetto (actual Minturno) con su hijo Pietro aceptan.

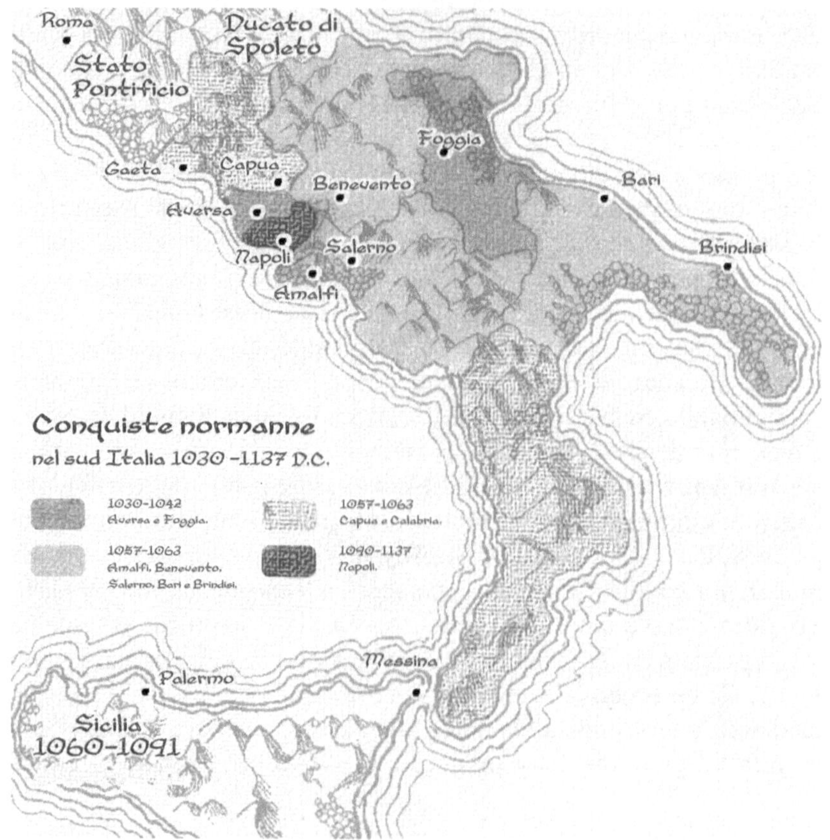

Ilustración de Simone Canova siguiendo las indicaciones de Jason R. Forbus.

A Guillaume el poder lombardo vuelve a ser cómodo para deshacerse de la engorrosa autoridad del ex suegro, y después ¿quién sabe? *The sky is the limit*. Es joven, hábil y tiene muchos amigos. Pide y obtiene dinero y refuerzos de sus compatriotas en Apulia. Terminados los pre-

obispos de la iglesia».

[12] Ambos hijos de la duquesa María.

parativos, los despliegues se disponen a lo largo de la orilla campana del río Garigliano, cerca de Traetto. Durante dos meses se enfrentan en breves escaramuzas hasta que Guillaume y sus compañeros se quedan sin abastecimiento para las tropas y se refugian en Aquino, donde la alianza se rompe. En este punto, Guillaume se refugia en el castillo de Piedimonte, donde intenta reunir los medios necesarios para reanudar las hostilidades, pero la boda sin un duro no se hace y el armigero permanece con un puñado de moscas. Mientras tanto, el conde Richard enreda a los antiguos aliados de Guillaume: casa a la duquesa María con su hijo Giordano[13], a Lando conde de Traetto le ofrece la mano de otra de sus hijas y lo nombra duque de Gaeta. Guillaume se da cuenta de que tiene mal aliento y por intercesión de sus amigos pide y recupera del conde Richard la mano de su pobre hija. El "hijo pródigo" es evidentemente simpático a Richard, que lo llena de regalos pero sin devolverle las tierras concedidas originalmente. Mientras Guillaume se encuentra en la corte aversana, los castellanos de Piedimonte se rebelan – podemos imaginar que en su hora más oscura Guillaume haya intentado exprimirlos como limones: todos los ejércitos normandos que quedan en la defensa del castillo son asesinados a golpes de martillo y horca. Muchos de ellos eran amigos de Guillaume, habían luchado junto a Barbastro rodeándose de gloria ... «Caballeros muertos a manos de campesinos». El evento marca profundamente al normando. Pasa el tiempo y Guillaume está cada vez más insatisfecho con el estado de las cosas, siente que no está haciendo honor a su nombre estando tranquilo y disfrutando de las riquezas de su suegro, por esto insiste en que a él también le toca alguna tierra y cuando Richard se las niega decide tomarlas por la fuerza. En esta segunda rebelión, el papa Alejandro II entra en acción con prepotencia: el matrimonio entre Guillaume y la hija de Richard sigue su curso, ergo el contrato que le atribuye Gaeta, Aquino y Traetto es válido[14]. ¿Y quién le dice ahora a Giordano y María que deben liberar el palacio? Comprendan que Richard no puede aten-

---

[13] En el Medioevo no se casaba en la iglesia, sino en presencia de un notario. En una sociedad profundamente religiosa, quedaba claramente un vínculo sellado por la fe, pero también un contrato extremadamente práctico que definía de manera específica la dote, los compromisos asumidos por las familias de los esposos, etc.

[14] Cf. Crónicas normandas de Amato de Montecassino.

der la petición. Para convencer a su suegro, Guillaume y su compañía comienzan a vagar por las tierras del conde, incendiando aldeas enteras. Ya se ha llegado al límite. Richard ordena a su hijo Giordano que inicie una guerra contra su yerno. El duque de Gaeta y sus doscientos sesenta caballeros no encuentran a Guillaume en ninguna parte, parece haberse evaporado (está en Roma para pedir el apoyo de hombres y medios al Papa). Jordán entonces asalta los territorios de Guillaume, saqueando y saqueando. Cuando Guillaume regresa, pide la restitución de la "maltonda": no estaba en casa y el Acta de Jordán equivale a un robo[15]. El rechazo provoca la ira de Guillaume, que reúne un poderoso ejército de ochocientos caballeros y trescientos soldados de infantería. Tras una sangrienta batalla y gracias a la superioridad numérica del adversario, el duque Giordano se retira, dejando en el campo el botín y las bestias arrebatadas a Guillaume que marcha victorioso sobre Aquino. El conde de Aversa está cansado y pide la intercesión de Guiscardo pero incluso antes de que las negociaciones puedan comenzar, *sic transit gloria mundi*, Guillaume contrae una fiebre violenta y en poco tiempo muere.

[15] La solicitud de Guillaume para la restitución de sus animales se refiere a los privilegios temporales generalmente asociados y otorgados a los cruzados y otros involucrados en las "guerras santas". Cuando el Papa Urbano II proclama la Primera Cruzada en 1095, estas promesas de protección para los bienes y la familia de un cruzado durante su servicio a la iglesia sirven de incentivo. Pero los orígenes de estos privilegios otorgados por la iglesia preceden a las cruzadas, y Guillaume se agarra a ellos. Véase: Edith Clementine Bramhall, *The Origin of the Temporal Privileges of Crusaders*, The American Journal of Theology, vol. 5, n. 2 (abril 1901), pp. 279-292.

El campanario de la catedral de Gaeta (1148-1279) lleva rasgos de la arquitec-
tura normando-morisca en la fase inicial de la construcción, Representación
tangible de la sabiduría con la que los Altavilla lograron la conviven-
cia de una sociedad compleja y multicultural como era la Sicilia de la
época y, a varios niveles, el sur de Italia. Foto de Jason R. Forbus.

No hay paz entre los olivos y de 1067 a 1091 el gobierno de Gaeta pasa
a manos de otra dinastía normanda, la de Geoffrey Ridel, que fue uno
de los jefes de la primera campaña de Sicilia. Geoffrey y sus sucesores
Raynald y Gualganus ejercen su autoridad desde Pontecorvo como vasallos
del Príncipe de Capua, concentrando el poder en torno a sus posesiones
rurales y desinteresándose de Gaeta, quizás era demasiado urbana para

su gusto. Este desapego y el recuerdo todavía vivo de la propia independencia induce al pueblo gaetano a la rebelión: la mecha se enciende con la muerte de Giordano y se concluye con la instauración en el poder de un personaje del que sabemos poco, un tal duque Landolfo que gobierna hasta 1103, cuando aparece en el escenario de la historia el mencionado Guillaume[16] de Blosseville, que toma Gaeta por la fuerza. Guillaume no pierde tiempo y consolida su poder con dos acciones de valor simbólico y estratégico: manda grabar en las monedas en circulación la inscripción "DV" o "Dux Villelmus", en latín, por "Duque Guillermo"[17], y comienza la construcción de Roccaguglielma en el actual municipio de Esperia sobre una estructura anterior.

Roccaguglielma in Esperia. Foto de Jason R. Forbus.

[16] Definitivamente un nombre muy común entre los normandos de la época.

[17] Salvatore Ferraro (Mons.), *Le Monete di Gaeta con appendice su le medaglie*, Tipografía Melfi & Joele en Nápoles: 1915, p. 66.

El castillo se erige en la cima del Monte Cecubo con el propósito de vigilar el Valle Gaetano y el puerto de montaña que conectaba Aquino y Pontecorvo con el ducado de Gaeta, rodeando así los territorios de Montecassino que no estaban bajo el control normando. A los pies del castillo, Guillaume establece también un asentamiento que defiende con un círculo de murallas reforzadas por doce torres y tres puertas de acceso llamadas Caporave, Santo Spirito y San Bonifacio[18]. En los siglos siguientes, la formidable posición de Roccaguglielma la convierte en un sitio disputado, cambiando de manos entre familias nobles como los Spinelli, los del Rovere y los Farnese, adaptando hasta el siglo XV su sistema defensivo a las tecnologías bélicas que van surgiendo, cuando Roccaguglielma sufre lo que fácilmente puede considerarse el asedio más violento. El sur de Italia está cambiando de dominio, esta vez es el turno de los españoles guiados por Gonzalo Fernández de Córdoba, el Gran Capitán, que en su avance hacia Gaeta asedia el castillo: «para que tuviera que cortar a los jefes de Hidra, que empezaban a crecer de nuevo. Roccaguglielma había levantado cabeza y no para quedarse bajo el dominio de los señores aragoneses. Él llega rápidamente con todas sus tropas y, sin demora, sitia la fortaleza que se había rebelado de manera imprudente. Sin embargo, a pesar de su rudeza y belicosidad, estas personas no pueden resistir un asedio de tal magnitud. Reconociendo la incomparable fuerza del Capitán y su ejército, se rinden después de algunas escaramuzas, salvando tanto a su población como a sus posesiones. Consalvo, dejando bien armada y guarnecida la Roca, sin detenerse un momento, corre a asaltar la ciudad de Gaeta. [...] Pero habituada a los cambios y fiel al francés, les hace emboscadas a los nuestros. Y no satisfecha con haber cerrado las puertas en la cara de Consalvo, quien, de no ser interrumpido por la maldad de esta, habría llevado a los franceses a la derrota, tuvo además la audacia de conspirar contra la vida de D. Tristán de Acuña, capitán de infantería española, un hombre fiel por encima de todos los demás, nacido en una familia ilustre, no quiso descuidar de los suyos, y dejado por el Gran Capitán a cargo de aquel lugar, había cumplido siempre con su deber. Así pues, llamadas algunas

---

[18] Paolo Palazzo, *Roccaguglielma Esperia. Storia, avvenimenti, curiosità*, Tipografía Arte Print in Roccasecca (FR): 1 de agosto de 2018, EAN 9788895101651.

compañías de los franceses, de aquellas que estaban dentro de Gaeta, capturan rapidamente a D. Tristán, y hacen todo lo posible para tomar la Roca. Pero la Roca fue defendida por tres valientes hombres, quienes lograron frustrar los planes de estos malvados. Al enterarse de que los habitantes de esa fortaleza habían resistido hasta el límite, Consalvo ordena a Pietro Navarro que se dirija sin demora para enfrentarlos con firmeza y asegurarse de que no quede impune tanta maldad. Navarro cumple fielmente las órdenes de su señor, enfrenta a los enemigos y, como de costumbre, los ataca y derrota, restaurando en poco tiempo todas las pérdidas sufridas por los nuestros en ese lugar. Añadí a esa, otra victoria aún más importante, ya que los franceses, a quienes el pueblo de Roccaguglielma había llamado en su defensa sin saber nada de la llegada de Navarro, se topan con él y, al no poder enfrentarlo, se repliegan y huyen, procurando salvarse. Así lo hicieron, como un viandante que se encuentra con maleantes en los bosques y retrocede para correr hacia donde el miedo lo impulsa con mayor fuerza,» pero, golpe de efecto: «Aunque no se atreven a enfrentarse a Escila, sin embargo, asaltan a Caribdis, ya que se recuperan en Itri y son recibidos amablemente por las mujeres de esa región, sin tener que vivir constantemente angustiados[19]». El asedio del Gran Capitán daña gravemente a Roccaguglielma, que logra recuperarse y conocer su período áureo entre los siglos XVI y XVII, al menos hasta 1654 cuando tras un violento terremoto el castillo es nuevamente devastado. Su tiempo como fortaleza está en su apogeo, en un mundo ahora proyectado hacia la edad moderna el castillo pierde su antigua importancia y es progresivamente abandonado a la furia de los elementos. En los siglos siguientes, las ruinas se convierten en refugio seguro para los bandidos, entre ellos los más conocidos Fra Diavolo y Chiavone. El último episodio que afectó a Roccaguglielma tuvo lugar el 15 de mayo de 1944, cuando algunos habitantes de Esperia, en busca de salvación, cayeron víctimas de los bombardeos aliados. Y pensar que todos estos acontecimientos nacen de la voluntad de un armero normando de someter el Monte Cecubo... La buena voluntad de Guillaume no basta

---

[19] Juan Bautista Cantalicio, trad. lengua toscana de Sertorio Quattromani, *Le Historie delle guerre fatte in Italia da Consalvo Ferrando di Aylar di Cordova, detto il gran Capitano*, editado por Giovanni Giacomo Carlino en Nápoles: 1607.

para mantenerlo al mando de Gaeta: en 1105 fue depuesto y desterrado por otro noble normando, Richard L'Aigle[20] (Ricardo de Aquila) conde de Fondi. A diferencia de Guillaume, Ricardo y sus sucesores son de hecho independientes del poder capuano, mientras tanto debilitado tras la muerte de Jordán I. A Ricardo le sucede su hijo primogénito Andrés (1111), que desaparece de la escena apenas un año después, posiblemente muerto en circunstancias desconocidas por nosotros... Y los capuanos, que mientras tanto habían recuperado las fuerzas, instalan en el trono a Jonatán (1113), a quien se opone enérgicamente Rangarda[21], que a la muerte de su marido Ricardo se había casado en segundas nvuelto a casarupcias con un conde, Alejandro de Sessa. Junto con éste había ocupado Suio provocando la revuelta de los habitantes y la represalia de Montecassino, que logró capturar al conde Alejandro. Rangarda no se rindió y para toda respuesta ocupó *turrem quæ Ad mare dicitur*, Torre Capodiferro sul Garigliano, causando no pocos problemas a Gaeta, pero sin lograr sus objetivos. En cualquier caso, Jonatán muere en 1120 y le sucede su tío, Ricardo de Carinola, que asume el mando de la ciudad como duque Ricardo III.

---

[20] Como otros aristócratas normandos, debe su nombre al municipio homónimo en el noroeste de Normandía.

[21] Quizás sobrino de Marino II duque de Fondi.

Torre de Pandolfo Capodiferro (siglo X) llamada Turris ad Mare, fue dinamitada por la Wehrmacht en diciembre de 1943 para ralentizar el avance angloamericano.

Esta larga serie de sucesiones políticas y militares concluye con la llegada del rey Roger II, que anexiona todas las posesiones de los Altavilla y de Capua al reino de Sicilia, marcando de hecho el final de la independencia gaélica. Esta era la señal de una consolidación de la autoridad real en Sicilia, que al igual que estaba ocurriendo en Francia, España e Inglaterra, debía sembrar el germen de un estado unitario, el napolitano/duosiciliano, que vivirá altibajos a lo largo de las diversas dominaciones que se sucedieran en el poder. El "reino del sol", que los hombres del norte habían arrancado por la fuerza en el sur de Italia, llega a su conclusión con un matrimonio: Constanza de Altavilla se casa con Heinrich VI von Schwaben, y los dominios normandos se incorporan al Sacro Imperio Romano Germánico por sucesión. De la unión de Constanza con Enrique nace un grande de la historia, Friedrich Roger de Hohenstaufen, aquel Federico II que los anales recuerdan con el apelativo de Stupor Mundi. Pero esto, queridos lectores, es definitivamente otra historia...

Lobos de tierra

No todos los antiguos nórdicos podían definirse vikingos. Buena parte de la población escandinava, de hecho, se dedicaba a la agricultura (cebada, centeno y avena) y al ganado (vacunos, cabras, cerdos y ovejas) en granjas de pequeñas dimensiones que servían por lo general a las necesidades familiares.

Solo los hombres más atrevidos y ambiciosos acababan para abandonar la hoz por el hacha o la espada, a veces solo por el tiempo necesario a acumular riquezas suficientes para comprar una granja.

Sello de las Islas Feroe que representa la celebración de la vida cotidiana durante la Era vikinga.

Claramente de corsarios de profesión hubo muchos, y es precisamente por la vida fuera del ordinario de estos individuos que se ha otorgado a todos los antiguos nórdicos la marca de vikingos.

Guerra por mar y por tierra

Los vikingos eran grandes maestros de armas, habilidad que contribuyó mucho a su éxito como invasores y saqueadores. El talento en el uso de las armas, juntos a su innegable valentía y a su astucia, hacían de los vikingos unos adversarios realmente temibles.

Las armas que preferían, en orden de importancia, eran las siguientes:

Hacha Vikinga
Difícil que un vikingo anduviese por ahí sin ella. Siempre andaba colgada al cinturón, su factura consistía en un mango más largo de la media, suficiente para facilitar el agarre en medio de la batalla. Según el uso y la riqueza del propietario del hacha, su lama podía variar de los 8 a los 20 centímetros.

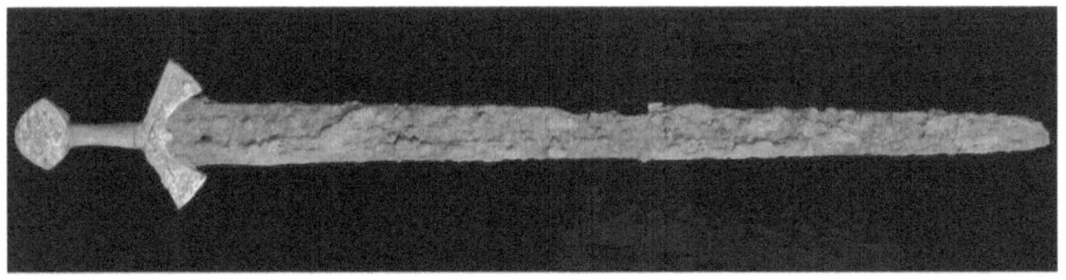

La espada Langeidsverdet helfigur, datada 1030 d.C. (Museum of Cultural History, Universidad de Oslo)

Lanza vikinga
También la lancha gozaba de buena popularidad entre los vikingos. Era larga entre 1 y 3 metros, era empleada principalmente como arma arrojadiza o perforante. Las lanzas vikingas tenían varias formas y anchura

en base a su finalidad. Algunas estaban diseñadas para ser arrojadas a mucha distancia, otras para un impacto cercano.

Espada vikinga

La cantidad de hierro con que se forjaba la hacía el arma más costosa de la armería vikinga, normalmente era reservada a los Jarl, los jefes militares. Las espadas vikingas eran de doble lama y largas casi 90 cm. Tratáis ahora de cerrar los ojos e imaginar a un vikingo cargando contra vosotros con este espadón en las manos...

Las lamas y las empuñaduras estaban adornadas con runas mágicas para garantizar al portador valentía en batalla.

Arcos y flechas

Los nórdicos empezaron a utilizar el arco como herramienta de caza y solo después como arma para emplear en sus incursiones. Igual que en los ejércitos regulares, también los vikingos utilizaban el arco para matar cuantos más enemigos posibles antes de enfrentarse a la fuerza adversaria en el medio de la pelea.

Seax

También conocida como *scramasax* y con una infinidad de otros nombres, la seax era un arma corta curva con una sola lama cortante o hilo, característica de los pueblos germánicos. Se usaba tanto para funciones prácticas como en la defensa personal.

Solo los vikingos más ricos podían permitirse los cascos, porque su creación era particularmente costosa. El equipamiento defensivo que cada guerrero poseía era un escudo de alrededor 1 metro de diámetro, redondo más que ovalado: esta característica lo hacía más fácil para el transporte y el desplazamiento, elemento importante para tropas móviles como las bandas vikingas. La desventaja de este escudo consistía en dejar descubiertas las piernas y la parte inferior del cuerpo.

A diferencia de lo que se hacía en el resto de Europa, los vikingos realizaban sus escudos en madera tierna, para que en lugar de romperse se doblasen. Con una pizca de suerte, el arma del adversario se trabaría en el escudo, permitiendo al vikingo de romperle la cabeza en dos como una sandía.

A estas armas letales los vikingos sumaban una capacidad táctica y una combatividad no indiferente, arraigada en la cultura y en la religión nórdica.

Hasta el siglo IX, los vikingos estuvieron organizados en tribus en que la medida de un hombre libre se determinaba por su honor y por la violencia con que era capaz de ejercer para defenderlo. Las ofensas verbales y físicas contra el individuo o sus familiares no se toleraban y acababan casi siempre en una venganza llevada a cabo con actos violentos[1].

La costumbre a ejercer la violencia hacía a los nórdicos típicamente impávidos en un duelo o en una batalla. Además, se le añada su convicción en un destino preordinado e inevitable para cada individuo, y finalmente tenemos hecho el guerrero intrépido y valiente.

Estos rasgos se extendían a las tácticas aplicadas por los vikingos por tierra y por mar.

Las sagas mencionan a menudo a los berserker[2], guerreros que según la leyenda recibían sus poderes del dios Odín. Durante una batalla, los berserker caían en un estado de furia divina que les hacían indiferentes a las heridas sufridas e intrépidos hasta la locura. Muy temidos por los cristianos, que los consideraban demonios con aspecto humano, los berserker representaban magníficamente la aspiración guerrera de los vikingos.

Una vez llegados en proximidad de la costa, los vikingos anclaban los barcos para llegar a la playa en ágiles chalupas. En otros casos empujaban los barcos hasta la playa, entonces se alejaban para esconderse en algún punto particularmente adapto para preparar una emboscada, posiblemente en proximidad de una carretera.

Cuando se encontraban con tropas organizadas, los vikingos adoptaban una formación a cuneo, con sus hombres mejores, los berserker, en primera fila. Las retaguardias arrojaban lanzas para debilitar la vanguardia enemiga, entonces, al momento oportuno, empuñaban el hacha y se tiraban en medio de la pelea. Esta táctica resultaba ganadora porque se diferenciaba de aquellas practicadas en esa época.

---

[1] Para más informaciones mira infra, cap. "Orgullo y hachadas".

[2] La etimología de este término no es cierta. Las hipótesis principales: 'hombres que visten pieles de osos'; 'Hombres con el torso desnudo'.

Particular de elmo vikingo encontrado en Öland, Suecia, que
representa Odín seguido por un berserker

También el hecho de no ser cristianos, en principio, representó una
ventaja importante para los vikingos: pertenecer a otra religión les permitía
destruir iglesias y monasterios a su antojo, lugares que al principio de la
Era Vikinga eran desprovistos de protección porque se le consideraban
seguros.

Astucia, furtividad y crueldad eran juzgadas como calidades indis-
pensables para un guerrero, que en el caso de los vikingos podían tener
incluso apenas once años.

Los vikingos demostraban brutal eficiencia también en el mar. Su
táctica era simple: soltar sus rápidos barcos contra aquellos enemigos,
intentando abordarlos y capturarlos en lugar que destruirlos.

Por eso, no hay que olvidar que los vikingos de los orígenes eran piratas y, como tales, eran principalmente interesados al inmediato profito
económico más bien que a victorias políticas.

¡Vikingos!, pero con clase

Un mito para desmontar: los vikingos eran grandes, feos y apestosos.

Que fuesen grandes y también feos, nada para objetar, *de gustibus.* Pero sobre el hecho que fueran apestosos la arqueología nos desmiente.

Los vikingos en realidad eran conocidos por sus excelentes estándares higiénicos. Hablamos de una época, el medioevo, en que tampoco los nobles usaban lavarse frecuentemente, pues imaginémonos usar agua y jabón.

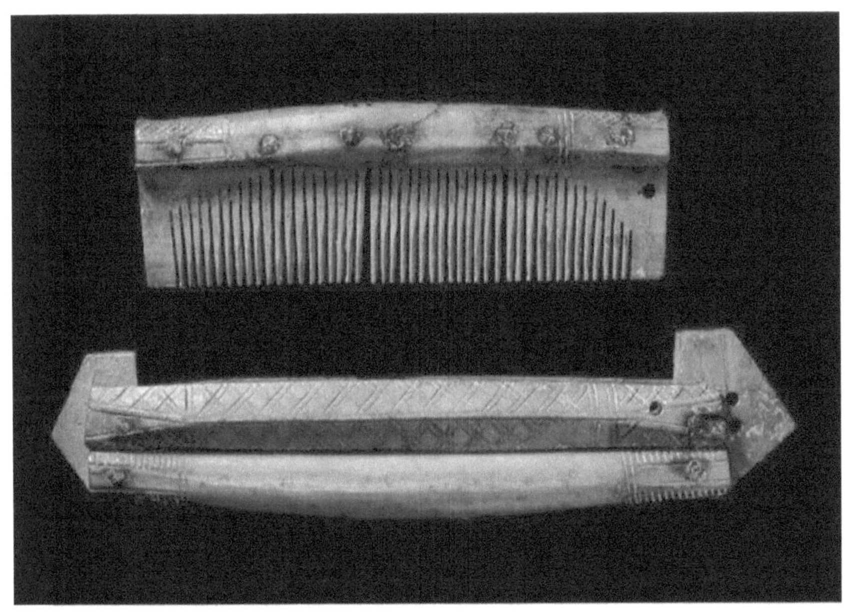

Entre largos viajes por mares, ríos y océanos, batallas sangrientas y banquetes épicos, es bastante fácil pensar a nidos de codornices acechados entre barbas grasientas y descuidadas. En realidad, de las excavaciones llevadas a cabo en antiguos asentamientos vikingos, han visto la luz numerosos hallazgos que dejan pensar a un aseo sofisticado: pincitas, hojas de afeitar, peines y aparatos para la limpieza de los oídos, algunos decorados y con material preciado, demuestran como los vikingos cuidasen su propia persona.

Además, igual que los antiguos romanos, los vikingos amaban bañarse en fuentes termales – Islandia en particular ofrecía varias de cada tipo y tamaño, tanto ayer como hoy.

Detrás de la higiene muy cuidadosa de los vikingos, por lo menos aquella reservada a un cierto rango social, podría esconderse el deseo de presentarse dignamente al Valhalla. De hecho, nunca puedes saber cuándo la Valquiria[1] decidirá cogerte como una flor de campo.

---

[1] En la mitología nórdica, la Valquiria ('aquella que elige a los muertos') estaba entre las figuras femeninas al servicio de Odín. Durante una batalla, decidía quién podía vivir y quién en cambio tenía que morir. Los caídos en una batalla la seguían en el *Valhalla*, el dominio de Odín, o en el Fólkvangr, dominio de Freyia, la diosa de la muerte, de la guerra y del sexo. A las ánimas de los combatientes se le involucraban en una guerra eterna, alternada de grandes y suntuosos banquetes, por toda la eternidad.

¿Quién es el cornudo?

La imagen más común y estereotipada de un guerrero vikingo es aquella de un machote barbudo con un bonito casco con dos cuernos en la cabeza. ¡Nada de más falso!

El casco Gjermundbu (arriba a la dx), descubierto en el sur de Noruega en 1943

Cierto es, que cada vikingo que se le respete, antes de lanzarse en la batalla se aseguraba de llevar puesto un casco con que atenuar las palizas que los enemigos sin falta les ofrecería como bienvenida. Sin embargo, el casco que llevaban puesto era más parecido al ejemplar magníficamente conservado que podéis ver en la imagen, es decir, un protector de cabeza sin algunas extremidades. No sé lo que opináis vosotros, pero si yo me encontrase en un combate cuerpo a cuerpo lo último que querría sería sin duda un casco con unos bonitos y largos cuernos que el adversario de turno pudiese agarrar y tirar, desbaratándome.

Los vikingos eran personas prácticas. De hecho, sus modernos sucesores son famosos por haber creado la línea de muebles sueca más conocida al mundo exactamente por su simplicidad y funcionalidad.

Pues, ¿de dónde nace la idea del casco cornudo?

Esta representación errónea se difundiría durante el siglo XIX. Los artistas de la época, en falta de imágenes documentales directas, confiaron en los relatos que los antiguos griegos y romanos hacían sobre los europeos del norte. Bastante antes que la era vikinga, de hecho, los sacerdotes de las tribus germánicas llevaban puesto cascos con cuernos con finalidades ceremoniales.

¿Papa Noel o Papa Odín?

El 25 de diciembre es un día especial para muchas religiones, mitología nórdica incluida. ¿Sabíais, por ejemplo, que existen varios parecidos entre Papa Noel y Odín?

Durante la festividad germánica de Yule, por empezar, era justo el dios Odín quién guiaba una expedición de caza a través del cielo.

Dos libros de Islandia, respectivamente el Edda[1] poética y el Edda prosaica, describen a Odín y a su caballo con ocho patas, Sleipnir, que además sería capaz de saltar grandes distancias. La comparación con la rena más amada por los niños (y por Disney) es evidente.

Odín está mencionado con muchos nombres en la poesía escáldica; algunos de estos describen su aspecto o sus funciones, como Síðgrani, Síðskeggr, Langbarðr ('barba larga') y Jólnir ('La figura de Yule'). Según Phyllis Siefker, autor de *Santa Claus, Last of the Wild Men: The Origins and Evolution of Saint Nicholas, Spanning 50,000 Years*, los niños normalmente disponían sus botas llenas de azúcar, zanahorias o pajas cerca de la chimenea para dar de comer al caballo volador de Odín, Sleipnir.

El dios recompensaría a los niños premurosos cambiando la comida de Sleipnir con dones y caramelos.

Esta práctica sobrevivió en Alemania, Belgica y Paises Bajos también después de la adopción del cristianismo y se asoció con San Nicolás tra-

---

[1] Por Edda (plural *Eddur*) se consideran los dos textos en nórdico antiguo, el Edda prosaica y el Edda poéitca, ambos escritos en Islandia durante el siglo XIII, pero basados en fuentes antecedentes. Hasta el día de hoy estos textos representan los libros clave sobre que los estudiosos de la mitología nórdica han cogido y continúan a coger informaciones.

mite la costumbre de colgar las calzas en la chimenea. Costumbre luego difundida en todo el mundo por medio de la globalización y del mercado capitalista.

El sincretismo de las religiones es muy fascinante, y la habilidad del cristianismo de amoldarse según 'el hombre y la época' que está viviendo desde siempre ha representado uno de sus puntos de fuerza.

Odín – Papa Noel

Cuando los vikingos conquistaron Roma (o casi)

¿Lo sabíais que, desde sus aldeas, los vikingos llegaron hasta el Mediterráneo?

Björn Costado de Hierro, gran navegante y capitán, vivió en el siglo IX d.C., en plena era vikinga. Entre 859 y 861, cansado de saquear ciudades y aldeas ya depredadas, decidió aventurarse hacia nuevas orillas.

Empezó saqueando la costa ibérica, consiguiendo pasar el estrecho de Gibraltar. De aquí, su flota remontó la costa hacia el sur de Francia antes de aprodar a Italia y saquear la soberbia ciudad de Pisa.

Cuarenta y dos barcos se perdieron en esta expedición, bajo los tiros de las catapultas andaluzas y bizantinas, pero cuentas a la mano fue un grande éxito: el oro, las especias, las mujeres y el sol del sur inflaron las velas de los largos barcos y de sus corazones tanto para animarlos a mirar hacia Roma.

Un fiel de Björn, Hastein, propuso al capitán de hacerse emperador. El vikingo mientras bebía brindando se lo pensó y dijo: ¿por qué no? ¿Qué me impide a mí, Björn Ironside, hijo de Ragnar Lodbrok, hacerme emperador de Occidente?

La mañana siguiente desembarcaron en tierra con armas y provisiones para marchar hacia Luni, un pintoresco pueblo en provincia de La Spazia, creyendo – erróneamente – que se tratase de Roma.

Para penetrar en las murallas de Luni elaboraron un plan más bien complicado. Hastein envió un mensaje al obispo para informarle que, estando a punto de morir, deseaba bautizarse y ser enterrado en un terreno consagrado. Le condujeron entonces en la capilla de la ciudad con una pequeña escolta de honor. En el momento oportuno, Hastein saltó de la barandilla sorprendiendo a los clérigos y abriendo las puertas de la ciudad para permitir entrar a sus compañeros de armas.

Hastein sorprende a los clérigos que le escoltaban dentro de las murallas de la ciudad

Fue un grande saqueo y Björn, podéis apostar por ello, vivió una larga e inolvidable noche como emperador de los romanos...

Una vez pasada la resaca, dándose cuenta del error en que habían caído, los vikingos quitaron las molestias: era hora de hacer rumbo hacia casa, al norte, donde les esperaban nuevas conquistas.

Hongos inflamables

Si sois apasionados de historia medieval como el mismo que aquí escribe, conoceréis seguramente el "fuego griego", el letal líquido inflamable de que se sirvieron los bizantinos en sus batallas con efectos devastadores, en particular por mar.

La época de que hablamos – en Europa – aún no había conocido la pólvora. "Hacer de la necesidad una virtud", cuenta el proverbio, de hecho, mientras los bizantinos desparramaban fuegos y flamas al sur, los ingeniosos vikingos elaboraban de forma totalmente independiente algo parecido, confiando en lo que Madre Naturaleza tenía para ofrecerles en su casa: los hongos.

Raros, los hongos: no son ni plantas ni animales, porque pertenecen a un reino todo suyos. Algunas variedades son unos auténticos manjares, otros poderosos alucinógenos, otros más venenosos sino incluso mortales.

Un hongo en particular, el *touchwood* (hongo yesca), crece en la corteza de los árboles y tiene un aspecto seguramente poco interesante.

No sabemos ni cómo ni cuándo, precisamente, pero los vikingos descubrieron las propiedades inflamables de este hongo. Lo cierto es que los hombres del norte empezaron a recolectar el touchwood, hervirlo en la orina y entonces darles martillazos hasta convertirlo y reducirlo a un espesor y consistencia parecidos al fieltro

El nitrado de sodio presente en la orina permitía a ese compuesto de arder lentamente y sin emitir llamas: esto consentía a los vikingos transportar el fuego con ellos donde querían como un paquete de cerillas o un mechero.

En la mesa con los vikingos

¡Arriba las jarras!

Cuando pensamos en un banquete vikingo nos imaginamos cada tipo de comida grasienta y untuosa, en cantidades excesivas. Por una vez el imaginario no se diferencia mucho de la realidad.

¿Si fueseis piratas con la intención de navegar por los gélidos mares del norte, acaso no os preocuparía cuánta comida pudiera almacenar vuestro cuerpo?

Para ser más preciso, los vikingos preferían comida bastante grasa, sobre todo en invierno, para tener suficiente escolta durante las largas travesías en el mar.

¡Arriba las jarras!

Carne, pescado, verduras, cereales y productos lácteos constituían una parte importante de la dieta vikinga. Como postre comían fruta, miel y frutos del bosque, que su tierra natal era muy generosa en calidad, cantidad y variedad.

Los ingleses de la época nos describen a los vikingos como glotones: comían y bebían seguramente demasiado – por cierto, ¡dicho por ellos!

Las informaciones que tenemos sobre los platos favoritos por los vikingos remontan a la época sucesiva a la Era Vikinga y por eso no se pueden tomar a la letra. Gracias a las modernas tecnologías, que permiten el estudio de restos de plantas y huesos recuperados en los sitios arqueológicos, los estudiosos han podido confirmar la dieta descrita aquí arriba.

En un poema sobre Hárbard[1] y Thor encontramos una descripción de lo que tenía que ser una comida típica vikinga. Thor trata de convencer al barquero Hárbard para que le lleve por un canal: «Llévame por el canal, ¡mañana te daré de comer! Tengo una cesta en la espalda, nunca comí mejor. He comido a gusto antes de dejar la casa, arenque y copos de avena, pues aún estoy lleno».

Si catapultasen a un vikingo a nuestra época, seguramente no le molestaría una hamburguesa grande con panceta y patatas fritas, con una suculenta pizza con anchoas. Y, podéis apostar por ello, una buena jarra de cerveza helada.

---

[1] *Hárbarðsljóð* (Lai de *Hárbarðr*): Hárbard ('Barba Gris' en antigua lengua nórdica) es un misterioso barquero, muchos estudiosos lo consideran el mismo Odín disfrazado, aunque muchos otros consideran que en realidad se trate de Loki. En este poema, Hárbard obliga a Thor a un *flyting*, un intercambio ritual y poético de insultos.

Último viaje

Un verdadero vikingo era, antes de todo, un lobo de mar. Buena parte de su carrera la pasaba a borde de un *drakkar*, los largos barcos que les permitían navegar en las marolas de los océanos y superar en maniobrabilidad y velocidad las embarcaciones enemigas.

Estos barcos eran vitales al sustento de un vikingo y de su familia, tanto que la relación instaurada con él durante la vida seguía también en el más allá.

Es curioso el modo con que nosotros, los humanos, nos encaramos al "grande misterio". Los faraones construían pirámides, los jefes vikingos se hacían enterrar con sus barcos: una especie de ataúd extendido que contenía objetos comunes y preciosidades que le servirían una vez abiertos los ojos más allá del horizonte.

A menudo se trataba de barcos ornamentales, diseñados y construidos con el preciso y único fin de acompañar al difunto en su último viaje. La mayoría de los hallazgos de barcos vikingos que han llegado hasta nosotros los debemos a estos entierros.

En la religión nórdica, los guerreros más valientes estaban admitidos en las salas del Valhalla, un reino inmerso en la gloria eterna y en grandes celebraciones. Allí, a heroicas batallas le seguían mesas repletas de manjares de cada especie y mucha cerveza e hidromel, los *Eddur* de los *Skald*[1] que alegraban e inspiraban a los ánimos y, por supuesto, maravillosas y atrevidas muchachas se preocupaban de alejar al hielo de la noche de los corazones de los hombres.

Sin embargo, los barcos sarcófagos no eran una exclusividad de los hombres, aún más: tenemos evidencias arqueológicas de mujeres eminentes que tuvieron el honor de recibir ese tipo de entierro.

Igual que los faraones, que usaban sepultar a sus esclavos para servirse de ellos en el más allá, las sepulturas de barcos podían ser de forma feroz y espectacular: al difunto se le ponía en el puente rodeado de sus bienes terrenales, entre ellos también sus esclavos. Entonces, tras una señal establecida, flechas ardientes llovían sobre el barco cubierto de material inflamable, y todo ardía en pocos minutos.

Si nunca habéis visto un barco vikingo en vivo, aconsejo de visitar el Museo de los barcos vikingos de Oslo, en Noruega: os ayudará a descubrir esa maravilla tecnológica que eran los largos barcos. Para quien busca una experiencia más fuerte, además, sugiero el festival vikingo de *Up Helly Aa* que se celebra cada año en las islas Shetland (norte-este de Escocia). Después de trabajar un tiempo en Lerwik, de verdad os aseguro que el festival merece una buena visita: paisajes impresionantes, trajes y conmemoraciones históricas fantásticos y, guinde del pastel, una perfecta réplica de un largo barco vikingo que se prende fuego en el ápice de las celebraciones (¡por suerte sin nadie a bordo!).

---

[1] Poetas en las cortes escandinavas durante la era vikinga. Para componer sus obras, utilizaban complejos sistemas métricos, basándose en el vasto repertorio oral de la tradición nórdica. Pero el Sklad no se limitaba a la poesía y a la erudición: según se necesitaba, sabía servirse de ella para vestir el traje del astuto hombre político, llegando a tener un papel de primer plano en las cortes de los señores que servía y no reprochaba el uso de las armas para demostrar, como buen vikingo, su habilidad y su valor en batalla.

Los esclavistas del norte

Los vikingos se enriquecían enormemente saqueando aldeas por todas partes en Europa. Pero el oro, la plata y las piedras preciosas solo eran algunos de los bienes que les interesaban.

En sus incursiones contra los anglosajones, los celtas y los eslavos, raramente los vikingos se dejaban escapar la oportunidad de capturar a mujeres y niños para vender en gigantescos mercados en Europa del este y en Medio Oriente.

Un estudio reciente del ADN de los modernos islandeses ha confirmado que el 80% de los hombres son de origen nórdica, es decir, procedentes de los países escandinavos como Noruega, Suecia y Dinamarca. Hasta aquí nada nuevo. La sorpresa auténtica procede del análisis del ADN mitocondrial, que se transmite solo a través del genero femenino, y de que se ha comprobado que las mujeres islandesas tienen una mitad de origen céltica: Irlanda, Escocia y las islas norte-occidentales de Gran Bretaña. Los islandeses descienden entonces de la unión de amos vikingos y esclavas celtas.

La sociedad nórdica era dividida en clases, con los *thrall* (esclavos) que estaban en el último escalón de la pirámide:

Tratados como animales de carga, uno se refería a ellos utilizando el género neutro, como para referirse a objetos y a animales. Un individuo podía convertirse en esclavo contrayendo deudas, como prisionero de guerra o simplemente naciendo como hijo de esclavos. Las familias más influyentes llegaron a tener hasta treinta, aunque en media el número de esclavos poseídos demuestre que generalmente era uno por familia. Igual que en la sociedad romana, también en el mundo vikingo un esclavo podía obtener la libertad por voluntad del su amo o, incluso, pagando un rescate.

¿Pero cómo se trataban a los thrall[1], los esclavos de los vikingos?

En el capitulo anterior hemos visto como unos esclavos seguían su propio amo en su "ultimo viaje", quemados vivos o matados y enterrados en el barco ataúd del rey.

Ibn Fadlān, escritor y viajero de origen persa que en 920 exploró las posesiones vikingas en la actual Rusia, nos ha transmitido una relación de la vida – mejor dicho, del fin – de una thrall bastante cruento:

«Seis hombres entraron en el pabellón y todos tuvieron relaciones con la esclava. La pusieron a lado de su amo, entonces dos le agarraron las manos, otros dos los pies. Una arpía llamada "Ángel de la muerte" le puso una soga alrededor del cuello [...] Avanzó con un puñal con lama larga y empezó

---

[1] Antiguo nórdico *þræll*, *'esclavo o siervo de la gleba'*.

a empujarlo dentro y fuera entre las costillas de la chica [...] mientras los dos hombres la estrangulaban con la cuerda, hasta que murió».

Ibn Fadlān procedía de la esplendida Bagdad, que en esa época estaba al ápice de la cultura, de la ciencia y de la filosofía: podemos solo imaginar el horror que tuvo que probar asistiendo a un espectáculo semejante.

Hubo también el caso de un particular vikingo, Hallvard Vebjørnsson (San Hallvard, santo protector de Oslo), que según cuenta la leyenda defendió una thrall acusada injustamente de robo, acción que le costó la vida.

Por otro lado, es posible que, igual que lo que sucedía entre los antiguos romanos, también entre los vikingos haya habido amos más sensibles a las penas de sus esclavos.

Orgullo y hachadas

¡Aprendamos a insultar como verdaderos vikingos y subirnos de un tono mientras saboreamos una jarra de cerveza!

- *Dunga* (DOON-gah): inútil;
- Eldhúsfíl (EHLD-hoos-feef-uhl): 'tonto del hogar', un tonto que está sentado juntos al fuego todo el día, un inútil;
- *Ergi* e *argr* son dos insultos que en nórdico antiguo significan amariconamiento u otras actitudes no muy viriles.
- *Fífl* (FEEF-uhl): loco, tonto;
- *Gløggvingr* (GLOHG-ving-uhr): tacaño;
- *Hraumi* (HROWM-ee): creído;
- *Níðingr* (NEETH-ing-uhr): malvado, persona cobarde;
- *Slápr* (SLAHP-uhr): inútil, vago (la inedia no tenía que ser muy tolerada entre los vikingos);
- *Vámr* (VAHM-uhr): persona desagradable;
- *Vargdropi* (VAHRG-drohp-ee): hijo de un forajido;
- *Veslingr* (VAHRG-ling-uhr): miserable, desgraciado.

En la sociedad nórdica, un insulto podía tener consecuencias fatales.

A pesar de ser piratas dedicados al saqueo, al asesinato y al estupro, los vikingos tenían un complejo código de honor.

Quizás habéis oído de los Thing, las asambleas en las poblaciones germánicas que se reunían para discutir asuntos políticos y juzgar a los delitos como el asesinato, un crimen muy común durante la turbulenta Era Vikinga.

Rey Olav II de Noruega habla en un Thing

Las sentencias podían variar de la pena de muerte al exilio; este último era grave casi como el primero porque permitía a quien sea de matarte y librarse de responsabilidades. Las partes podían apaciguarse pagando una reparación o, en otros casos, enfrentándose en un *holmgang*, un duelo en un combate singular.

Nada nuevo bajo el cielo con respeto a las épocas anteriores, si no fuera que entre el sistema legislativo nórdico y el nuestro se abre un abismo.

Hace poco se ha mencionado unos entre los principales insultos vikingos, en que abundan referencias a 'inútil', 'vago', ecc. Permaneciendo sobre esa línea, comprobamos como el robo se considerase la acción más despreciable que un individuo pudiera hacer, porque quien robaba, claramente, tenía que ocultar sus propias acciones y, entonces, rehuía de asumir responsabilidades.

El episodio de un robo se nos describe en una saga islandesa, la *Grettis*. El protagonista de esta historia, Gretti, es un poeta forajido condenado al exilio y a la soledad en el desierto durante veinte años. Para sobrevivir, el muy desgraciado acaba por robar unas ovejas a un pastor, pero este le coge en el hecho y se le condena a muerte por ahorcamiento[1]. Esta pena capital

---

[1] Por suerte suya todo será salvado gracias a una noble mujer: ¡poder de la poesía!

era rara en Escandinavia nórdica y juzgada particularmente infamante. La decapitación en cambio era un método de ejecución bastante frecuente y, por los documentos que han llegado hasta nosotros, normalmente se usaba para eliminar a los esclavos insubordinados.

El asesinato era un crimen menos grave con respeto al robo, siempre que quién lo hacía no intentase ocultar su propia acción.

Nuestro sistema judicial distingue entre homicidio doloso, que consiste en provocar la muerte de otra persona intencionadamente, y negligente, cuando se determina la causa de negligencia o por dolo.

Por su parte, los vikingos se limitaban a condenar a los incendios dolosos y a los homicidios cometidos con el favor de las tinieblas, ambos culpables de no ofrecer a las víctimas la posibilidad de defenderse.

La venganza era prevista al punto de ser reglamentada por unas precisas leyes: «si alguien ha cometido una injusticia contra ti, como un acto de violencia o un insulto, tienes el derecho a una reparación económica. Pero no más de tres veces y únicamente si antes te hayas preocupado en defenderte[2]». Irónicamente, si la víctima no se hubiese vengado antes, habría perdido el derecho a cualquier tipo de reparación.

Pero, ¿Cómo hacemos a saber todas estas cosas, si al respeto los vikingos no dejaron casi ninguna información escrita? Principalmente gracias a los códigos medievales basados exactamente sobre estas leyes y al Edda poética, que se transcribió a final del siglo XIII empezando por las composiciones orales transmitidas en el transcurso de los siglos.

---

[2] Ley que puede remontarse al siglo XI y emitida por el *Gulaping*, la asamblea parlamentaria que se celebraba cada año a Gulen, en la costa occidental de Noruega a norte de Bergen, desde 900 hasta 1300. Era una de las más antiguas y grandes asambleas parlamentarias de Noruega medieval.

Las vikingas

Gracias a recientes estudios genómicos, las excavaciones arqueológicas como la tumba con cámara de Birka Bj.5811[1] han favorecido sensacionales revelaciones: los restos que por más de un siglo se habían considerado como pertenecientes a un guerrero vikingo de alto rango, se han revelado pertenecer a una mujer[2].

Los autores del estudio sostienen que este descubrimiento vuelve a plantear el papel de la mujer en época vikinga: ya no son las guardianas del hogar doméstico, sino también guerreras. La argumentación es ampliamente corroborada por el creciente movimiento etenista, particularmente en los Estados Unidos, de donde se ha difundido, llegando también a Europa.

Juntos con cuentos leyendarios y míticos de área germánica y nórdica y a sus menciones transcritas aquí abajo en este capítulo, Bj581 comprobaría la existencia de las *Shield Maiden*, en inglés por 'Muchachas del Escudo'. La tesis está apoyada por la *pop culture*, por medios tradicionales y también por medios no tradicionales, del pueblo etenista y por estrategias empresariales que ven en el estudio de Hedenstierna-Jonson nuevas oportunidades comerciales en el campo de una narrativa de fuerte tendencia.

---

[1] La tumba se descubrió en 1878 en Suecia, alrededor de la aldea de Birka en la isla de Björkö. La isla, situada en el medio del lago Mälaren, a poca distancia de Estocolmo, representó durante la época vikinga un importante enclave comercial entre Escandinavia, Europa central y oriental y Oriente.

[2] *A female Viking warrior confirmed by genomics*, Hedenstierna-Jonson et a 2017

Boceto de la tumba Bj. 581 de Hjalmar Stolpe en Birka, Suecia, publicado en 1889

Por otro lado, en ámbito histórico la existencia de Shield Maiden es muy discutida. Estudiosos como Neil Price[3] sostienen su existencia, otros como la historiadora especializada en estudios vikingos Judith Jesch afirma que la falta de pruebas concretas difundidas sobre la existencia de mujeres guerreras adiestradas o regulares no puede de hecho confirmar su existencia[4].

Existen pocas pruebas históricas referidas a mujeres guerreras en época vikinga. El historiador bizantino Ioannes Scylitzes[5] menciona a mujeres que lucharon entre las filas de Sviatoslav I de Kiev contra los bizantinos en Bulgaria en 971[6]. En cambio, tras el sitio de Dorostolon los vencedores se quedaron asombrados en descubrir cadáveres de mujeres

---

[3] *Secrets of the Vikings: Shield Maidens*, www.history.com. Archivo del original del 25 de enero de 2016.

[4] Viking women, Warriors, and valkyries. blog.britishmuseum.org. Archivo del original del 3 de marzo de 2016

[5] Nace alrededor de 1040, y muere después de 1101. Conocemos muy poco sobre su vida con excepción de sus obras, en particular sobre *Skyllitzes Matritensis.*

[6] Harrison, D. & Svensson, K. (2007). Vikingaliv. Fälth & Hässler, Värnamo. ISBN 978-91-27-35725-9. P. 71

armadas entre los varios caídos[7]. Además, se cuenta que en Vinland, la hermanastra embarazada de Leif Erikson, Freydís Eiríksdóttir, empuñó una espada y, con el pecho desnudo, derrotó a los asaltadores Skræling[8]. Este acontecimiento está relatado en la saga de la Groenlandia, que no se refiere especialmente a Freyd como a una muchacha del escudo[9].

Saxo Grammaticus[10] nos proporciona quizás la mejor citación histórica de Shield Maiden. Con referencia a la batalla de Brávellir en el año 750, unos cuatrocientos años antes de su nacimiento y entonces para tomar con las debidas precauciones, escribe:

Ahora fuera de la ciudad de Sle, bajo los mandos de los capitanes Hetha y Wisna, con Hakon Cut-cheek llegó Tummi el velero. A estos capitanes, que tenían cuerpos de mujeres, la naturaleza había otorgado almas de hombres.

Es opinión del escritor que, hasta hoy, no existen suficientes pruebas como para respaldar la tesis de mujeres guerreras regularmente adiestradas y empeñadas en incursiones vikingas. Además, el debate sobre ese tema está desgraciadamente contaminado por un fuerte sesgo que no permite una exposición objetiva de los hechos. Cuando se trata de dirigir unos descubrimientos concretos hacia una narrativa preconstruida, igual que lo que se ha hecho por los arqueólogos de estado en el moderno Israel, el riesgo es de dejar la ciencia a cambio del dogma y de una concepción romántica de la historia. Mi esperanza es perseguir una mayor libertad de investigación sobre el tema, posiblemente lejos de los reflectores de la *pop culture* americana.

¿Qué sabemos, entonces, de objetivo sobre la sociedad nórdica en época medieval?

Igual de lo que ocurría en el resto de Europa, era una sociedad dominada por los hombres. Hombres y mujeres debían respetar determinadas normas: el hombre con la pasión para la costura tendría muchos problemas, o por una mujer también el solo hecho de pensar en tomar parte a una incursión.

---

[7] Ibid.

[8] Nombre que los vikingos groenlandeses usaron para nombrar a las gentes que encontraron en América del Norte y Groenlandia.

[9] Thorsson, Ö. (Ed.) *The sagas of the Icelanders*. Penguin Books, 1997

[10] Secretario o criado de Absalon, arzobispo de Lund vivió entre 1160 y 1220. Fue autor de las *Gesta Danorum*, la primera historia completa de Dinamarca, de que procede la leyenda de Hamlet que posteriormente inspiraría a la homónima obra de Shakespeare.

Reconstrucción de una familia nórdica

Las mujeres participaban a exploraciones y viajes de colonización, como de hecho ocurrió en Groenlandia, Islandia y Vinland, pero siempre desempeñando el papel de mujeres, engendradora y guardiana del hogar doméstico. Como ya se ha dicho más arriba, sabemos que en algunos casos tomaron las armas: la historia de cada pueblo y en cada época está claramente llena de casos en que las mujeres, los viejos y los niños defendieron su propia tierra y su propia causa también con las armas.

El *cross-gender* estaba condenado, como se puede comprobar en el código legislativo medieval de Islandia, el Grágás (K 254), que llegaba a prohibir a las mujeres de vestir ropa de hombres, cortarse el pelo y por supuesto llevar armas. Las mujeres estaban además debajo de la autoridad del marido o del padre y tenían una libertad limitada en la disposición de la propiedad. Estaban excluidas de la mayoría de las actividades políticas o gubernamentales, no podían ser *goði* (jefes) o jueces, testimoniar en un juicio o hablar en las *ping* (asambleas). Al mismo tiempo, las mujeres nórdicas disfrutaban de un respeto y de una libertad mayores con respeto a las mujeres europeas de esa época. Por ejemplo, administraban las finanzas de la familia y la granja en ausencia del marido. Además, podían pedir divorcio y, en caso de ser viudas, heredar la propiedad, con algunas limitaciones. Último, pero no por importancia, las leyes las protegían de un gran listado de atenciones no deseadas: el *Grágás* (K 155) testimonia sanciones para delitos que van desde el beso hasta la relación sexual no consenciente.

Para concluir, a pesar de una Arcadia presumida o real, como demostrarán futuras investigaciones corroboradas por pruebas más concretas, cierto es que las mujeres nórdicas tenían algunas libertades que las contrapartes europeas tampoco se imaginaban, además de demostrar grande valentía frente a las adversidades de un clima hostil.

Mi gran boda vikinga

¿Aborrecéis la idea de matrimonio u os habéis casado por inercia gracias a un *wedding planner* fenomenal?

Consolaos: la boda vikinga era aun más estresante. Si hay que elegir una palabra para describirlo, se podría optar tranquilamente por 'complejo'.

Los preparativos de este dulce evento eran varios y determinados por una serie de factores que requerían meses, incluso años. La cosa no tiene que sorprender: el matrimonio era el corazón de la estructura familiar en la cultura vikinga, de hecho, servía para ganarse la bendición de los dioses y empezar de la mejor manera el camino que habría llevado la pareja a tener hijos y seguir la línea de sangre.

Cuando un hombre y una mujer vikingos se casaban, con su boda se celebraba la unión de las respetivas familias. La boda tenía implicaciones legales de larga duración en la cultura nórdica, influenciando cada aspecto: desde las propiedades inmobiliarias de la familia hasta la línea de sucesión para la herencia. Por lo tanto, se realizaban largas y aburridas negociaciones antes de acordar formalmente los términos de la boda.

Al principio de las tratativas, las familias del novio discutían con los representantes legales sobre la dote de la novia, sobre las actividades financieras del novio y también sobre la fecha de la boda y sobre la entidad de los regalos. La familia, los asesores y todos los notables del lugar presentaban entonces las propuestas a la familia de la esposa, prometiendo de sustentarla y asistirla y concordando mutuamente condiciones ventajosas para el matrimonio.

La fecha en sí no era de fácil elección. Tradicionalmente, los matrimonios vikingos se celebraban el viernes en honor de Frigg, diosa del amor conjugal[1]. Uno no se casaba nunca en invierno, puesto que la nieve y el hielo hacían impracticables y peligrosos los viajes.

La duración de la boda, normalmente, era de una semana. Nada se dejaba al azar: desde la disposición de los invitados, el abastecimiento de la comida y de las bebidas que se necesitaban durante la semana de celebraciones, hasta la preparación de una cerveza especial para que los novios bebiesen como parte de la ceremonia.

Todos estos preparativos requerían normalmente un año, aunque tenemos testimonios de negociaciones que duraron más bien tres años: esto hacía bastante más difícil la tarea de fijar una fecha.

Antes de la boda, a las novias y a los novios se le separaban para prepararse al comienzo de la nueva vida conjugal. A la novia se le quitaban los viejos vestidos y cualquier símbolo que la designaba como soltera, como por ejemplo el *kransen*, una diadema de oro llevado por las chicas escandinavas como símbolo de su virginidad, además de otras cosas.

El kransen se custodiaba y se transmitía de madre a hija, y durante la ceremonia, se sustituía con una corona nupcial.

Durante el período de alejamiento del esposo, la chica se lavaba cuidadosamente en las termas. Las piedras calientes se colocaban en la bañera para producir vapor y las mujeres a menudo se daban leves latigazos con ramitas de abedul para inducir la sudoración, que simbólicamente terminaba su estado de soltera. Una vez terminado el baño, la novia se sumergía en agua fría para cerrar los poros de la piel y acabar así el proceso de purificación.

Durante estos preparativos le acompañaba la madre, las hermanas casadas y otras parientes y amigas, siempre casadas.

Tampoco los hombres estaban exentos de estos rituales; la comparación al curso prematrimonial de la religión católica, con sus varios sacramentos, es asombrosa. El novio estaba acompañado por el padre, por los hermanos casados y por los amigos casados. Para librarse de su estado de soltero, un vikingo tenía que participar a una ceremonia simbólica de la espada. La ceremonia era bastante macabra: el novio tenia que desenterrar el túmulo de un antepasado suyo para recuperar la espada con que se le había

---

[1] El equivalente inglés Friday procede del inglés antiguo *Frīgedæg*, 'día de Frigg', del nombre de la diosa germánica Frigg, mujer de Odín y diosa del amor conjugal.

enterrado. Tramite esta acción, el joven moría para dejar nacer al hombre.

"En una sauna rusa" de Vitaly Gavrilovich Tikhov, 196

Una vez reclamada la espada del reino de los muertos, igual que la novia, también el hombre tenía que ir a un baño público para quitar su condición de soltero. Durante la purificación sus acompañantes le impartían enseñanzas sobre los deberes de marido y de padre.

Con diferencia de lo que pasa hoy en día, las novias vikingas no llevaban trajes o vestidos elaborados. La atención mayor estaba concentrada en el pelo y en la corona. El pelo de una mujer era muy importante en la cultura vikinga e indicaba su atractivo sexual: más eran largos, mayor la atracción que ejercían.

La corona que sustituía al Kransen, para los ricos, era normalmente un vestigio de familia: plata decorada con cristales de roca y elaboradas incisiones, como hojas de trifolio, cubierto de cuerdas de seda roja y verde. En cambio, los menos pudientes optaban por coronas magistralmente trenzadas de paja decorada con flores, costumbre que sobrevivió hasta los días de hoy en algunas zonas de Escandinavia.

Igual que su futura mujer, también el novio no llevaba un vestido particularmente elegante, limitándose a relucir la espada rescatada de su antepasado y, a menudo, un símbolo de Thor como un martillo o un hacha. El arma representaba su maestría en la unión y se creía que fuese un presagio de un matrimonio fructuoso.

La ceremonia verdadera preveía antes de todo el intercambio de la dote y del *mundr* (el precio de la esposa) en presencia de testigos.

Luego se celebraba la función religiosa a través de la invocación de los dioses y posiblemente un sacrificio y un conjuro.

Para los sacrificios, los vikingos usaban animales asociados a los dioses de la fertilidad: para Thor una cabra, para Freyja una cerda, para Freyr[2] un jabalí o un caballo. La sangre del animal se recogía en una escudilla y luego puesto en cima de un altar, entonces se ponía en ella un fajo de ramitas de abeto que se usaba para salpicar a la pareja con el fin de otorgarle la bendición de los dioses. En algunos casos, se ofrecían los animales como dones vivientes y como tales considerados sagrados.

Durante la boda, el novio presentaba la espada ancestral a la novia, que la tenía que custodiar para eventuales futuros hijos. En cambio, ella le regalaba una espada de sus antepasados, símbolo de la transmisión de la protección de la esposa por parte del padre al marido. Este intercambio de dones decretaba la sagrada unión, luego seguía el intercambio de los anillos como otra consagración de los votos nupciales. Estos se ofrecían a la pareja encima de la empuñadura de las respectivas espadas.

Si de la ceremonia nupcial tenemos informaciones suficientemente documentadas, del banquete como tal no tenemos que pocas o ninguna indicación, quizás a causa del hecho que el cristianismo se sustituyó al rito nórdico en le mismo período en que se iban escribiendo las sagas vikingas.

Por medio de antiguos contratos matrimoniales, sabemos que los novios estaban legalmente obligados a beber cerveza nupcial, normalmente hidromel, durante todo el banquete y un mes entero después de la ceremonia. Su unión se consideraba válida solo cumpliendo con esta costumbre.

¿Y la primera noche de boda?

A los novios se le acompañaban hasta el lecho nupcial, donde familiares y no sólo ellos asistían a la consumición de la relación sexual – se espera

---

[2] Dios de la belleza y de la fecundidad

que haya sido de una forma discreta – así para quitar cualquier duda futura en relación a la paternidad de los hijos.

Esta costumbre no era una exclusividad de los vikingos, sino fue adoptada por todas las dinastías europeas y no solo aquellas durante siglos.

¡Por suerte que hoy tenemos el test del ADN!

Esquiar, ¡Qué deporte tan divino!

Hace más de 6.000 años allí en el norte, mientras en Mesopotamia nacían las primeras grandes civilizaciones, antes los rusos y luego los nórdicos, inventaron un modo, la verdad que muy ingenioso, para "navegar" en sus gélidas tierras.

Los nórdicos adoptaron estos esquíes primitivos antes de todo para desplazarse durante el período invernal, pero también como pasatiempo popular.

Inscripción que se puede datar al 3000 a.C. en Noruega, refigura un esquiador.

En la sociedad nórdica el esquí era tan importante que tenía un dios protector, Ull. Era un Dios oscuro y enigmático, hijo de la giganta Sif, diosa del trigo, y entonces hijastro del dios del trueno, Thor, era también un excelente arquero, cazador, patinador y esquiador, guapo y belicoso y, por esto, divinidad particularmente adecuada para ser invocada antes de un duelo.

En la Edda *Grímnismál* hay un paso que lleva a los estudiosos a considerar que Ull fuera segundo solo a Odín:, este último, atrapado entre dos fuegos promete prodigar las bendiciones de Ull y de todos los dioses a quién lo llevará a salvo. La específica mención de Ull sobre el genérico "todos los dioses" subraya su importancia, remarcada además por el historiador danés medieval Saxo Grammaticus, que relata como Ull (latinizado en 'Ollerus') asumió la guía de todos los dioses durante el exilio de Odín.

Al mismo modo, otro antiguo poema nórdico, el *Atlakviða*, presenta un paso en que describe una serie de juramentos en que el último, el más importante, se celebra sobre el anillo de Ull.

En fin, ¡para los vikingos el esquiar era un medio de transporte vital y también un deporte divino de verdad!

Estados Unidos vikingos

¡Cristóbal Colón, quítate del medio!

Casi 500 años antes del nacimiento del famoso explorador contendido entre Genova, Sevilla, Barcelona y Lisboa, unos atrevidos hombres del norte zarparon en búsqueda de nuevas tierras.

Estos valientes vikingos surcaron durante días las marolas atlánticas, empujados por la bravura del viento que inflaba la única pero gigantesca vela de su barco, hasta que, justo en el momento en que empezaron a temer que se habrían encontrado a la gigantesca serpiente che rodea al mundo[1], alcanzaron las costas de una tierra lujuriante y desconocida: el actual Canadá.

El jefe de la expedición, Leif Eriksson, tenía la exploración en la sangre: su padre era el famoso Erik el Rojo, fundador del primer asentamiento europeo en Groenlandia tras su exilio en Islandia empezado alrededor del año 985 por haber matado a un vecino[2].

Eriksson, que se considera haber nacido en Islandia alrededor de 970 transcurrió sus años de formación en la desolada Groenlandia. Alrededor del año 1000, joven e irrequieto, decidió zarpar hacia el este, de regreso a su patria ancestral en Noruega. Allí, el rey Olaf I Tryggvason le convirtió al cristianismo y le encargó de hacer proselitismo de la religión a

---

[1] *Jǫrmungandr*, la leyendaria e immensa serpiente que, segun la mitología nórdica, rodea *Midgardr*, nuestro mundo.

[2] A su vez el padre de Erik el Rojo fue bandido de Noruega por el mismo crimen: tal padre, tal hijo.

los colonos paganos de Groenlandia. Eriksson convirtió a su madre, que construyó la primera iglesia cristiana de Groenlandia, pero no consiguió hacer lo mismo con su padre.

Estatua del exploradorn vikingo Leif Erikson a Reykjavík, Islandia

Las sagas islandesas cuentan las empresas de Eriksson en el Nuevo Mundo alrededor del año 1000. Estas historias se difundieron antes con el boca a boca y luego fueron registrada en los siglos XII y XIII.

Según la *Saga de Erik el Rojo*, Eriksson cruzó el Atlántico por error después de perder el rumbo regresando de su obra de evangelización en Groenlandia. En cambio, según la *Saga de los groenlandeses*, el viaje de Eriksson en Norte América no fue tanto un sencillo pero afortunado giro de la suerte. El explorador vikingo habría oído hablar de una extraña tierra a oeste por boca del comerciante islandés Bjarni Herjolfsson, que unos diez años antes había navegado más allá de Groenlandia y navegado a lo largo de las costas de Norte América, pero sin desembarcar. Compró así el barco del comerciante, luego Eriksson juntó a una tripulación de treinta y cinco hombres y recorrió la misma ruta al revés.

Después de atravesar el Atlantico, los vikingos se encontraron antes un territorio rocoso y árido en el actual Canadá, que llamaron Helluland (nórdico por 'Tierra de las losas de piedra'. Los investigadores piensan que esta localidad podría haber sido la isla de Baffin). Luego continuaron a navegar hacia el sur, descubriendo una zona rica de madera que llamaron *Markland* (foresta), muy probablemente en la actual región del Labrador, antes de fundar un campo base en la punta septentrional de la isla de Terranova. Allí buscaron amparo durante un invierno entero, aprovechando del clima más mitigado con respeto a su patria.

Entonces exploraron la región circunstante, rica de prados lozanos, ríos repletos de salmones, uvas silvestres tan buenas para el vino que Eriksson nombró la misma región Vinland (Tierra del vino).

Transcurrió ese invierno en Vinland, la tripulación zarpó hacia Groenlandia con madera y abundantes cantidades de uva. Eriksson, que a la muerte de Erik el Rojo le habría sucedido como jefe del asentamiento de Groenlandia, nunca volvió a Norte América.

Después de él, otros vikingos continuaron a navegar hacia oeste hasta Vinland, por lo menos durante todo el decenio siguiente. A pesar de los recursos más abundantes y el clima más mitigados de Norte América, los colonos vikingos se quedaron en la desolada Groenlandia, probablemente a causa de las violentas batallas que tuvieron con los nativos americanos, en una de esas también el hermano de Eriksson, Thorwald, fue matado.

Hasta aquí llegan los relatos de las sagas, pero, ¿qué nos dice la arqueología?

En 1960, el explorador noruego Helge Ingstad inspeccionó las costas de Labrador y de Terranova en busca de los restos de un posible asentamiento vikingo. Sus investigaciones fueron premiadas cuando, en la punta más septentrional de Terranova, cerca de L'Anse aux Meadows, descubrió artefactos de origen vikinga fechables alrededor del año 1000 d.C. Actualmente los restos de la aldea nórdica forman parte de un sitio que es patrimonio mundial de la UNESCO.

L'Anse aux Meadows, foto de Dick Houghtton

Una curiosidad: en 1929, el estado de Wisconsin declaró el 9 de octubre el día de Leif Eriksson para celebrar la llegada del bastimento noruego "Restauración" en el puerto de Nueva York en el día 9 de octubre de 1825. La celebración fue sucesivamente extendida a todos los Estados Unidos.

La importancia de ser rubio

¿El mito de la 'raza aria' tiene orígenes nórdicos? No exactamente, aunque los estándares estéticos vikingos preferían por su pelo el rubio sobre cada otro color. Pensad que los hombres con la mala suerte de haber nacido castaños usaban un jabón con alto contenido de lejía[1] para aclararse el pelo lo más posible. En algunas regiones de Escandinavia era común la práctica de aclaramiento también de la barba.

Rognvald "El sabio" Eysteinsson, Jarl de Møre, c. 840-890

---

[1] Solución obtenida tratando las cenizas de madera o de carbón de madera con agua hirviendo.

Los estudiosos suponen que este canon estético procediese de una necesidad más concreta: se creía, y por buena parte se sigue creyendo erróneamente hoy en día, que el pelo claro mantengan alejados a los piojos. Fácil imaginar cómo, al principio de la primavera, en las sociedades antiguas este odioso parasito constituyese un verdadero flagelo.

Así la necesidad, percibida o real que sea, crea ese estándar que, con el tiempo, pierde su motivación originaria acabando por dictar gustos estéticos a una sociedad entera.

Un nombre para mil tribus

Los vikingos no formaban parte de una nación unitaria o federación de naciones; más bien, las varias tribus nórdicas estaban a menudo en guerra entre ellas por tierra y por mar, conflictividad avivada por las rígidas condiciones climáticas en que vivían y que hacían de cada nuevo territorio conquistado un precioso recurso.

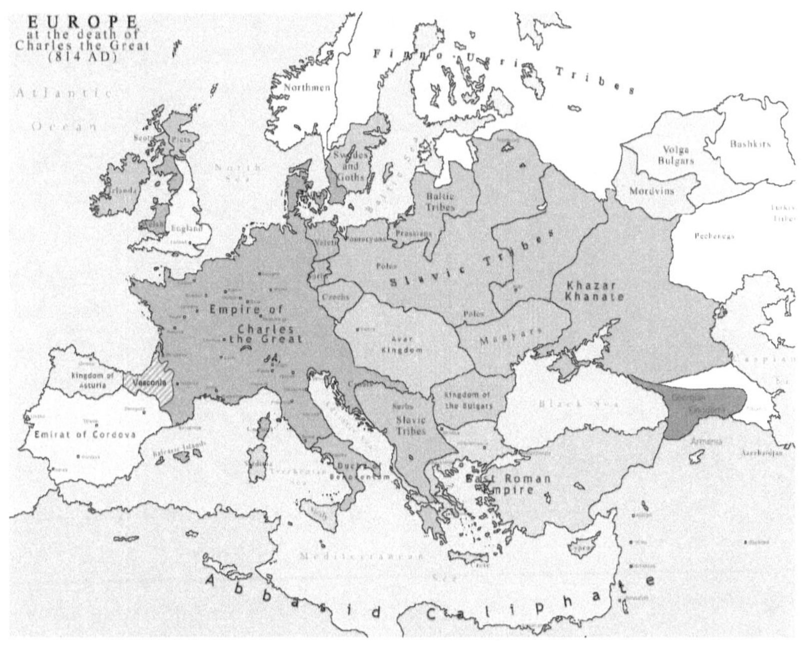

Europa a la muerte de Carlo Magno en el año 814 d.C.

El término 'vikingos' se difundió para distinguir a todos los corsarios originarios de Escandinavia, que en aquella época estaba dividida entre numerosas tribus independientes pero, parecidas en lengua, religión, sociedad y cultura.

La constitución de los Reinos de Dinamarca, Suecia y Noruega se verificó solo en el siglo XI con el ascenso de las dinastías cristianas, artífices del fin de la Era Vikinga y de un nuevo ajedrez en el ámbito geopolítico europeo.

Cristianos con beneficios

La cristianización de la península escandinava se verificó más lentamente con respeto a otros lugares de Europa, en larga medida por vía de las dificultades que los predicadores cristianos encontraron en establecer relaciones entre las varias iglesias. Harald Blåtand Gormsson[1], rey de Dinamarca y Noruega, fue entre los primeros soberanos vikingos en dejarse bautizar alrededor de 960, declarando cristiano el reino de Dinamarca y levantando la segunda de las dos famosas Pietras de Jelling[2] para celebrar el evento.

Sin embargo, la efectiva cristianización de los nórdicos fue lenta y en muchos casos dejó trazas de la precedente religión, contrastable por numerosos testimonios documentales sucesivos, como las inscripciones rúnicas del siglo XIII descubiertas en Bergen, en Noruega, que muestran una escasa influencia cristiana y, además en un punto hacen incluso referencia a una Valquiria.

---

[1] La runa con nombre Blåtand o Bluetooth ('Diente Azul, apodo probablemente debido a un diente de color azulado tirando al negro por via de una mala higiene oral) se ha hecho muy famosa gracias al homónimo sistema de transmisión de datos para redes personales sin hilos.

[2] Las piedras de Jelling son piedras macizas que llevan incisiones rúnicas con fecha alrededor del siglo X, situadas en la ciudad de Jellilng en Dinamarca. A sus incisiones se pretende relacionar la creación de Dinamarca como estado, porque ambas llevan el nombre de *Danmark* (con el acusativo *tanmaurk* en la piedra grande, y genitivo *tanmarkar* en la piedra pequeña. Además, la piedra más grande menciona explícitamente la conversión de Dinamarca al cristianismo, juntos con una representación del Cristo crucificado.

Harald está bautizado por el monje Poppo, en un relieve fechable alrededor de 1200

Según la leyenda, cuando los vikingos llegaron a Islandia, en la isla ya había comunidades cristianas regidas por monjes irlandeses, los Papar[3]. Después de un período conflictual entre las dos facciones, el líder de la comunidad pagana y también jurista del Alþingi[4], Thorgeir Ljosvetningagodi Thorkelsson, decretó que la religión oficial de la isla nación sería el cristianismo, pero que las antiguas creencias habrían sido toleradas si practicadas en privado.

En otros lugares, la conversión al cristianismo no procedió de forma tan pacifica: Erico XI de Suecia llamado "el tartamudo" subió al trono en 1222 con el objetivo, entre otros, de expandir los confines del reino hacia este. El *Erikskrönikan* contiene una descripción detallada y bastante cruenta

---

[3] Del latín *papa* que, a través del antiguo irlandés, asumió el significado de 'padre' o 'papa'.
[4] El parlamento islandés, el más antiguo al mundo todavía en actividad.

de una expedición militar en Tavastia, en el actual suroeste de Finlandia, entre 1238-39 o 1249-50. Aunque no fue literalmente una cruzada, el objetivo declarado de la expedición era lo de cristianizar a las tierras todavía paganas. Sobre su éxito, la crónica declara con términos bastante propagandísticos y hasta hoy motivo de debate entre los estudiosos:

> Cogieron sus estandartes y desembarcaron:
> Los cristianos ganaron la batalla.
> Dejaron brillar sus escudos
> En todo el país, y sus cascos.
> Estaban deseosos de probar sus espadas
> Sobre los paganos de Tavastia.
> Los Tavast desaparecieron,
> Los paganos perdieron y los cristianos ganaron.
> Quienquiera quisiera servirlos,
> Haciéndose cristiano y aceptando el bautizo,
> Conservó los bienes y la vida,
> Y pudo vivir en paz y sin otros conflictos.
> A cualquier pagano que se opusiera
> Administraron la muerte.

¿Pero, qué es lo que animó a los reyes vikingos a convertirse al cristianismo, y luego obligar a sus pueblos a abandonar la religión ancestral?

Por un lado, es fácil imaginarlo, su conversión se produjo principalmente por razones vinculadas a intereses políticos y materiales. Parece absurdo hoy en día, pero los historiadores suponen que muchos vikingos se convirtieron simplemente para recibir en don la preciosa veste blanca bautismal y otros objetos preciosos que los nobles francos ofrecían a todos los que aceptaban ser bautizado. En el caso específico de Harald Blåtand, se convirtió parcialmente a la nueva fe – *tomo lo que me gusta del dios Cristo, el resto del dios Odín* – y luego, dándose cuenta que los obispos cristianos eran muy ductos y muy buenos consejeros y ministros, juntos a otras y sólidas razones de estado, decidió abandonar definitivamente a la religión de sus padres. Por otro lado, la fe cristiana ofrecía mayor estabilidad, una clase alfabetizada (clérigos), reminiscencias del código legislativo romano y la promesa de una más fácil sumisión de las poblaciones cristianas subyugadas.

La historia es una grande rueda y actualmente la religión cristiana se encuentra en la misma condición en que se encontraba aquella nórdica hace mil años, más o menos: hoy es la difusión de los principios laicos que ofrece buenas y sólidas razones de estado, proceso empezado durante el Humanismo y estallado durante la Ilustración, por lo tanto se asiste a una profunda crisis del sistema y de la estructura eclesiástica y también de la espiritualidad entendida como estricta pertenencia a los preceptos de la fe cristiana.

Los mismos escandinavos modernos, con mayoría cristiano-protestante, se profesan y viven su propia existencia según principios ateos o agnósticos[5].

Quedaros seguros que, si Harald Blåtand hubiera vivido al día de hoy, como buen estadista cual era, habría seguido sin duda alguna la tendencia de la época. Al fin y al cabo, hombres y tiempos históricos se plasman entre sí, y el mismo cristianismo de hoy ya no es aquello monástico del medioevo, ni tampoco el de los orígenes de la fe cristiana. No es tan absurdo imaginar que algún día las varias religiones monoteístas unirán las fuerzas para enfrentarse a los pequeños grupos de neopaganos y al creciente número de ateos-agnósticos, constituyendo una nueva religión caracterizada por un fuerte sincretismo y flexibilidad como para hacerla coherente a nuestra sociedad fluida.

---

[5] *Global Report on Religion*, Gallup, 2016. Consultado en el mes de abril 2019: http:// Gallup. com.pk/wp-content/uploads/2017/Global-report-on-Religion-2.pdf.

El neopaganismo: los vikingos New Age

Odín, Thor y compañeros no han desaparecido completamente con la llegada del cristianismo. En Europa del norte, igual que en Italia y en cualquier lugar donde estaban presentes otras religiones, el cristianismo ha asimilado y se ha apropiado de numerosos aspectos de las fes que lo han precedido. Es suficiente pensar en la festividad céltica de Samhain que la Iglesia, no pudiéndola eliminar de la memoria y de la devoción colectivas, la incorporó convirtiéndola en Fiesta de Todos los Santos (All Hallows'Day, hoy en día conocida como Halloween). Igualmente, en Escandinavia post evangelización, han sobrevivido muchos elementos de la fe nórdica.

Trollparken, Suecia

El proceso de conversión de los vikingos, pueblo que consideraba el valor en batalla como uno de sus elementos fundamentales, se produjo mediante la imagen y la narración de un Jesús Cristo victorioso sobre las fuerzas del mal, más bien cogiendo el Apocalipsis como referencia en lugar del Evangelio y de su mensaje de un dios que sufre y es crucificado.

Los troles, que en la religión nórdica constituían una clase de seres aparte, después de la cristianización de Escandinavia siguieron existiendo en el folklore y en los cuentos como misteriosos moradores de las montañas y de las forestas: hombres y mujeres a menudos grotescos en el aspecto, a veces poseedores de secretos y antiguas magias y, detalle para no descuidar, irremediables paganos. Es posible suponer que, en los orígenes de Escandinavia cristiana, pequeñas comunidades de convencidos fieles de Odín se refugiaron en lugares muy difíciles para alcanzar, o si no, más probablemente, lejos de los centros de poder la cristianización tardó más tiempo[1]: anomalía que habría alimentado la leyenda de los "troles paganos".

Pero, la religión nórdica no sobrevive solo en el folklore. En pleno romanticismo (final del siglo XVIII principio del siglo XIX), en Alemania se fue consolidando la idea que la antigua religión germánico-nórdica fuese superior a la fe cristiana, por afinidades al mundo natural y por los valores positivos de la que era portadora. Este concepto creció juntos al sentimiento nacionalista alemán y a la crítica de la religión cristiana como procedente de aquella judío-semítica.

Durante el nazismo, el teólogo Jakob Wilhelm Hauer probó a convertir la renovada fe en Odín en la religión oficial del Tercer Reich, pero sin éxito. Luego, en los años 70 del siglo XX, organizaciones paganas, cada una independiente de la otra, nacieron un poco por todas partes en occidente: Canadá, Estados Unidos, Australia, Reino Unido e Islandia. Y es precisamente en Islandia que, en 1972, Sveinbjörn Beinteinsson (1924-1993) fundó el Ásatrúarfélagið (o Ásatrú, 'fe en los dioses'). El Ásatrú se reconoció oficialmente como una organización religiosa por el gobierno islandés ya en 1973, aunque al principio contaba solo doce miembros.

---

[1] La etimología de la palabra 'pagano' procede del latín pagus, 'aldea'. Antiguamente los paganos eran aquellos que habitaban en las aldeas. Luego, en época cristiana, el termino adquirió un significado negativo y se utilizó como sinónimo de 'idolatra', porque los habitantes de las antiguas aldeas rurales eran particularmente reacios a convertirse al cristianismo y seguían practicando el culto de los dioses.

Hoy en día, el 21% de los islandeses es un afiliado de Ásatrú que, de varias formas, tiene muchos fieles y simpatizantes en todo el mundo.

Ásatrú no tiene un dogma o una teología religiosa fija y sus altos sacerdotes suelen tener una visión del mundo panteísta[2]. Su rito central es la fiesta de los pueblos, pero los sacerdotes (goðar) conducen también unas ceremonias de asignación del nombre, también rituales, matrimonios y funerales. En algunas ocasiones la organización ha tomado posición sobre cuestiones políticas, como por ejemplo el derecho al aborto, los matrimonios homosexuales, la separación entre Iglesia y estado y algunas cuestiones ambientalistas. Ásatrú además es un miembro fundador del Congreso europeo de las religiones étnicas.

Es fácil intuir como la difusión de Ásatrú y de muchas religiones "neopaganas", también de un cristianismo cada vez más abierto hacia la contemporaneidad progresista y liberal, sea estimulada y favorecida por la creciente laicidad y por el sincretismo de la realidad occidental.

Si la cosa os parece tan absurda, probad a considerar cuantas veces habéis pensado que un determinado evento fuera debido al karma, o reflejado en la posibilidad de la resurrección en estilo hinduista (el famoso déjà vécu), sobre el poder premonitor de los sueños, sobre coincidencias raras del caso y cosas así, en una mezcla entre ciencia, religión y superstición que, finalmente, nos define como hombres contemporáneos en un estado de transición entre épocas que se ha producido tan rápidamente dejando atrás de sí esos muchos rastros.

La historia es un río que corre. Navegando en él podemos darnos vuelta y mirar la estela que nos hemos dejado atrás. Quién sabe si un día llegaremos al mar, y si habrá calma o tormenta.

---

[2] Panteismo: compuesto por los terminos griegos πάν 'todo' y θεός 'dios'. Cada doctrina que considere divina la totalidad de las cosas o que identifique la divinidad con el mundo (Fuente: Treccani).

Bibliografía

Annales Regni Francorum, 782 d.C

Biografia universale antica e moderna ossia Storia per alfabeto della vita pubblica e privata di tutte le persone che si distinsero per opere, azioni, talenti, virtù e delitti. Opera affatto nuova compilata in Francia da una società di dotti ed ora per la prima volta recata in italiano con aggiunte e correzioni, 9 voll., Gian Battista Missiaglia, Venezia 1824.

Chibnall, Marjorie. *The Debate on the Norman Conquest*, University Press, New York 1999.

Collection of Geographical Works by Ibn al-Faqih, Fuat Sezgin, Francoforte sul Meno 1987.

De Blasiis, Giuseppe. *La insurrezione pugliese e la conquista normanna*, Alberto Detken, Napoli 1864.

Erlendsdóttir, María. *Pagan Beliefs in Modern Iceland*, University of Edinburgh, Edimburgo 2001.

Forbus, Jason R. *La Memoria di Odino*, Ali Ribelli Edizioni, Gaeta 2018.

Garrison, Ervan G. *History of Engineering and Technology: Artful Methods*, CRC Press, Boca Raton 1998.

Guy, John; Hall, Richard. *Viking Life*, Ticktock Media, Regno Unito, 1998.

Hale, John R. «The Viking Longship», in *Scientific American*, vol. 278, n. 2, febreo 1998.

Helgason, Agnar; Sigurðardóttir, Sigrún; Gulcher, Jeffrey R.; Ward, Ryk; Stefánsson, Kári. «mtDNA and the Origin of the Icelanders: Deciphering Signals of Recent Population History», in *American Journal of Human Genetics*, marzo 2000.

Jochens, Jenny. *Women in Old Norse Society*, Cornell University Press, Ithaca; Londra 1998.

Kvideland, Reimund; Sehmsdorf, Henning K. *Scandinavian Folk Belief and Legend*, University Of Minnesota Press, Michigan 1988.

Riisøy, Anne Irene. «Outlawry and Moral Perversion in Old Norse Society», in *Bodies of Knowledge: Cultural Interpretations of Illness and Medicine in Medieval Europe*, Sally Crawford and Christina Lee Editions, Oxford 2010.

Ruiter, Keith. «Visibility, Authority, and Execution in Heimskringla» in *Illuminating the North: Proceedings from the Nordic Research Network Conference 2013*, Norvik Press, Londra 2014.

Sanmark, Alexandra. *Power and conversion: a comparative study of Christianization in Scandinavia*, in *Occasional papers in archaeology*, vol. 34, Department of Archaeology and Ancient History, Uppsala University, Uppsala 2002.

Saxo Grammaticus. *Gesta Danorum*, Danimarca c. 1208.

Siefker, Phyllis. *Santa Claus, Last of the Wild Men: The Origins and Evolution of Saint Nicholas, Spanning 50,000 Years*, McFarland Publishing, Jefferson 2007.

Skyum-Nielsen, Niels. «Nordic Slavery in an International Setting», in *Medieval Scandinavia*, vol. 11, 1978-79.

Thorpe, Benjamin. trad., *The Poetic Edda*, The Northvegr Foundation Press, Lapeer 2004.

Tramontana, Salvatore. *Il Mezzogiorno medievale. Normanni, svevi, angioini, aragonesi nei secoli XI-XV*, Carocci, Roma 2000.

Winroth, Anders. *The conversion of Scandinavia: Vikings, merchants, and missionaries in the remaking of Northern Europe*, Yale University Press, Yale 2012.

Wolf, Kirsten. *Daily Life of the Vikings*, Greenwood Publishing Group, Westport 2004.

La memoria de Odín

Estamos en el tercer año del Fimbulwinter, el largo y frío invierno que precede el fin de los Nueve Mundos. Midgard yace dormida debajo de una espesa capa de nieve y hielo. Las ciudades de los hombres han caído o están a la deriva, asaltadas por manadas de lobos hambrientos y saqueadores sangrientos. Dioses, troles y gigantes afilan sus armas y preparan los hechizos para la última batalla entre Orden y Caos. Por todos lados hay agitación para prepararse al Ragnarök, solo en el Valhalla flota en el aire un extraño silencio: no se oyen cantos y chocar de espadas. Sentado en su antiguo trono, Odín duerme un largo sueño sin despertar, en espera que en el inescrutable océano de los mundos regresen su Memoria y, con ella, la voluntad de luchar para que en sus Nueve Mundos vuelva a florecer la vida. Disponible en formato papel, e-book y audiolibro online y en librería.

Reseñas

«…Me he metido por vez primera en una historia que pone sus raíces en la mitología nórdica y he aprendido cosas nuevas: tenía ideas bastante abstractas sobre Odín, Thor y el Valhalla y después de esta lectura he recibido los estímulos necesarios para profundizar mis conocimientos. Esta siempre es una grande conquista para cualquier escritor» (reseña de aphorism.it).

«Si consideramos la brevedad y la facilitad de los contenidos, el cuento puede ser leído muy bien por mayores y niños que tengan una tarde para gastar en la mitología nórdica. El texto va precedido por una pequeña introducción sobre cosmogonía del mundo, ideal para todos los que nunca se haya asomado echando un vistazo a las historias de Odín, Thor, Loki e Ymir. Personalmente, me hubiera gustado encontrar este libro cuando era niño. Comics y películas han hecho gran confusión sobre la mitología nórdica y este cuento tiene información y narración bien encarrilados» (reseña de cercatoridiatlantide.it).

«Al principio del libro he fruncido un poco el ceño porque no entendía mucho… siguiendo con la lectura he empezado a pensar que en realidad fuese una historia bonita para leer… Al final ¡estaba asombrada! Gracias al pequeño ensayo final, donde se menciona la mitología nórdica, no es que solo he podido entender la historia que acababa de leer, sino que he entendido muchísimas cosas escondidas en otros grandes libros del género fantástico» (reseña de laforestadelfantasy.wordpress.com)

La memoria de Odín – Novela gráfica

Es el tercer año del Fimbulwinter, el largo y frío invierno que precede el fin de los Nueve Mundos. Midgard yace dormida debajo de una espesa capa de hielo y nieve. Las ciudades de los hombres fueron vencidas y derrotadas, atacadas por manadas de lobos famélicos y predadores sedientos de sangre. Dioses, troles y gigantes afilan sus armas y preparan hechizos para la última batalla entre Orden y Caos. En todas partes se están ultimando los preparativos para el Ragnarök, solo el Valhalla está sumergida en un silencio extraño... No se oyen cantos o clangor de espadas. Sentado en su antiguo trono, Odín duerme un largo sueño sin despertar, esperando que su Memoria regrese del inescrutable océano de los mundos, y con ella, la voluntad de luchar para que en los Nueve Mundos vuelva a florecer la vida.